TRESORS DE L'ÂGE MOYEN

MOYEN

De l'art paléochrétien à la Renaissance, une histoire de l'esthétique médiévale

JIM BARROW

Index

INTRODUCTION

Depuis que l'homme existe, l'art existe aussi. Qu'il s'agisse d'une forme d'expression de la créativité individuelle ou collective, ce type de langage a toujours été inhérent à l'humanité comme un moyen de manifester quelque chose d'autre et de plus élevé que ce que le monde pouvait matériellement offrir.

En effet, si l'on veut tracer un cadre historique, on peut faire remonter le concept d'art aux figurations primitives des peuples préhistoriques qui, dès les premiers temps, avaient commencé à donner un sens symbolique aux représentations picturales réalisées sur la roche.

Ainsi, au Paléolithique supérieur, la coutume de créer des graffitis ou des peintures représentant des images liées à la vie quotidienne a commencé à se développer, ce qui pouvait se rapporter à la chasse, à l'agriculture, mais aussi à des expériences liées à la religion. Le seul soutien dans ce cas était fourni par la nature elle-même : les parois rocheuses à l'intérieur des grottes offraient une protection contre les éléments. Les outils utilisés étaient également rudimentaires et entièrement naturels, depuis l'utilisation de simples pierres pour réaliser des graffitis jusqu'aux peintures créées avec un mélange de terre et de graisse (ou de sang).

Pourtant, au fil des siècles, l'art a pris des aspects et des significations nouveaux et différents, en même temps que les techniques utilisées évoluaient pour englober les formes les plus diverses à travers lesquelles les artistes pouvaient s'exprimer. La Méditerranée, "berceau des civilisations", est toujours restée au centre de grands développements et progrès, y compris dans le domaine de l'art, mais il va de soi que l'on trouve tout autant d'expressions artistiques dans le monde entier.

Dans ce volume, en particulier, nous aimerions faire un petit voyage à travers ce qui fut certainement l'une des périodes les plus intéressantes de l'art méditerranéen : le Moyen Âge, depuis l'art chrétien primitif jusqu'au début de cette grande période historique et artistique qu'est la Renaissance.

Nous ferons ensuite nos premiers pas dans les catacombes du IIe siècle, en passant par tous les grands centres de la chrétienté et les villes au cœur des grandes mutations de l'Empire, à savoir Constantinople, Rome et Ravenne. Nous irons ainsi à la rencontre des populations qui ont habité ces lieux, de leurs coutumes et de leurs traditions.

Ensuite, dans le domaine de la culture monastique, nous nous familiariserons avec l'un des styles les plus célèbres de l'histoire de l'art, le gothique. Nous ne négligerons pas d'aborder également des courants artistiques peu liés au christianisme, comme l'art islamique, qui a néanmoins eu un grand impact dans le bassin méditerranéen, et surtout l'art germanique et nord-européen, afin de connaître également les grands protagonistes de cultures qui ont largement influencé la culture dominante dans le bassin méditerranéen.

Enfin, notre voyage s'achèvera en Toscane, avec la naissance de la Renaissance. Nous découvrirons tous les principes et les idées qui ont fait de l'Italie le plus important centre d'art, la patrie de ceux qui sont considérés comme les "artistes" par excellence : des talents tels que Michel-Ange et Léonard.

En bref, il s'agit d'un véritable voyage dans la période historique qui a jeté les bases de tout l'art ultérieur et qui, d'une certaine manière, l'a généré, que ce soit par imitation ou par contraste. Commençons donc ce voyage et découvrons ensemble comment quelques centaines d'années ont changé à jamais le visage de l'art.

CHAPITRE 1

L'art paléochrétien

Nous commençons notre voyage par l'art paléochrétien.

Ce terme désigne l'ensemble de la production artistique des premiers siècles de l'ère chrétienne. Il s'agit donc de la période que l'on fait traditionnellement remonter aux IIIe et IVe siècles et qui se situe dans la Rome impériale. Son apogée se situe entre les premières décennies du IVe siècle et le début du VIe siècle, jusqu'à la mort du pape Grégoire Ier en 604.

Bien entendu, l'art paléochrétien étant fortement lié au christianisme, il est important de comprendre le contexte historique dans lequel nous évoluons.

Le contexte historique

Le christianisme primitif s'est répandu principalement à partir des centres d'Alexandrie, d'Antioche et de Rome. Sa présence à Rome, en particulier, était probablement due à la minorité juive qui avait continué à entretenir des relations, essentiellement commerciales, avec la Palestine.

Ce nouveau credo a immédiatement trouvé de nombreux adeptes, en particulier parmi les classes pauvres et les esclaves. Bientôt, cependant, il s'est également répandu dans la classe moyenne romaine et dans les familles plus aisées, à tel point que ces dernières mettaient leurs maisons à disposition pour des réunions et des événements religieux. C'est de ce phénomène que sont nées les premières "domus ecclesiae", celles qui deviendront plus tard des églises.

Comme on peut l'imaginer, très souvent, lorsque le christianisme est arrivé dans un nouveau centre culturel, il a adopté de nombreuses pratiques et coutumes déjà présentes localement et, de ce fait, il a pris des traits légèrement différents selon l'endroit où il s'est répandu. Cependant, on peut dire que dès les premiers siècles, les nouvelles formes d'art ont contribué à dissoudre les idéaux classiques pour les remplacer par quelque chose de totalement nouveau.

Au cœur de ce changement se trouve certainement le déplacement de la centralité des thèmes abordés. En effet, si jusqu'alors l'activité artistique était centrée sur l'homme, l'artiste s'intéresse désormais avant tout à la valeur de l'âme. Avec ce changement, la finalité même de l'art change également du tout au tout : il ne s'agit plus de représenter la beauté esthétique, comme c'était le cas dans l'art classique, mais de construire une nouvelle beauté, celle de la moralité.

L'art chrétien primitif a ainsi assumé une véritable fonction didactique, le contenu de la représentation étant bien plus important que la forme elle-même. Des représentations de sujets totalement irréels ou abstraits sont également introduites, peut-être sans espace clairement délimité pour les contenir. En effet, la capacité de donner une tridimensionnalité à la représentation est totalement perdue, caractéristique qui ne sera reprise qu'à la Renaissance.

Si dans l'art classique, et en particulier dans l'art grec, le concept directeur de l'art était celui de l'autonomie de la forme, il était devenu celui du visionnaire, de l'imagination avec son pouvoir créatif. Certes, des figures mythologiques et des événements surnaturels ont également été représentés dans l'art préexistant, mais sur le plan purement figuratif, ils ont toujours conservé une certaine adhérence à la réalité. En revanche, l'art paléochrétien s'écarte totalement de ce principe, se rapprochant de ce qu'étaient les traditions artistiques des anciennes civilisations égyptiennes ou mésopotamiennes, qui ont d'ailleurs été reprises notamment par l'art byzantin, que nous aborderons en détail dans le chapitre suivant.

Essayons donc d'analyser plus en détail quelles ont été les principales techniques artistiques utilisées à cette époque.

Architecture ancienne et catacombes

Un changement fondamental apporté par l'arrivée du christianisme concerne notamment l'idée de la résurrection des corps. C'est d'ailleurs sur la base de cette croyance qu'est née la coutume d'enterrer les corps des morts dans des lieux souterrains, les catacombes, qui constituent d'ailleurs l'un des principaux héritages artistiques de cette période.

Le mot catacombe dérive étymologiquement du mot "catacumba", probablement du grec. Le terme utilisé dans ce contexte remonte toutefois à l'expression "ad catacumbas", qui indiquait la proximité d'une cavité, et se référait en particulier à une localisation dans un creux près de la voie Appienne. Toutefois, les spécialistes ne semblent pas s'accorder sur l'emplacement exact : selon certaines sources, il s'agirait d'une dépression située en face du cirque de Maxence, tandis que d'autres pensent qu'il s'agit de la zone où se trouvent encore aujourd'hui les catacombes de Saint-Sébastien.

Quoi qu'il en soit, les premières catacombes datent du IIIe siècle et ne sont rien d'autre que des grottes de tuf préexistantes qui se trouvaient à l'extérieur des murs de la ville, probablement pour maintenir un certain niveau d'hygiène. Ces grottes simples ont été agrandies et modifiées en fonction des besoins jusqu'à ce que l'on obtienne un réseau de tunnels qui pouvait également être aménagé sur plusieurs étages. Ces cavernes servaient non seulement de sépultures, mais aussi de lieux de culte. Elles ont également servi d'abris et de cachettes pendant la période de persécution chrétienne.

À l'intérieur, les catacombes étaient extrêmement bien organisées. Le long des murs se trouvent des niches rectangulaires dans lesquelles sont enterrés les corps des défunts, généralement enveloppés dans des draps de lin ou placés dans des sarcophages en pierre. Le trou était ensuite fermé par une sorte de pierre tombale rudimentaire décorée d'inscriptions ou de verre et de pièces de monnaie.

Comme on peut l'imaginer, plus le défunt était illustre, plus la tombe était grande et richement décorée, au point que certaines d'entre elles sont devenues de véritables œuvres d'art. En particulier, lorsqu'il s'agissait de la sépulture d'un martyr ou d'un saint, le tombeau prenait la forme d'une arche creusée dans le roc et parfois construite en marbre, surmontée d'une archivolte[1] décorée.

Ces arcs étaient généralement placés dans les cubicules situés sur les côtés des galeries, elles-mêmes décorées et souvent reliées entre elles, afin de créer des espaces plus vastes permettant de

---

[1] Élément architectural couronnant l'arc d'une porte, d'une fenêtre ou d'une autre ouverture. Il s'agit en particulier d'un bandeau simple ou décoré qui profile le pourtour de l'arc. Le plus souvent, cet élément a une fonction purement décorative.

réunir les sépultures de plusieurs membres d'une même famille ou d'un même groupe.

À l'intérieur des catacombes, la lumière et l'air pouvaient pénétrer par des puits verticaux carrés, appelés lucarnes. C'était en fait le seul accès à la tombe, qui était entourée d'une dalle de marbre et de carreaux de terre cuite solidement fixés par du mortier.

Il faut toutefois préciser que ce type d'inhumation avait lieu aussi bien en surface qu'en sous-sol.

Le cimetière en surface avait droit à un espace bien défini et clôturé, souvent entretenu comme un jardin ou même un potager. Dans ce type de cimetières, les sarcophages étaient de véritables tombes au sens moderne du terme, plus luxueuses et conservatrices, et pouvaient être construits dans les matériaux les plus divers.

Dans ces deux types de sépultures, il a été possible de trouver de nombreuses représentations, généralement à des fins décoratives. Il s'agit dans la plupart des cas de fresques représentant des sujets empruntés à l'art païen et réinterprétés sur la base de nouvelles croyances. Par exemple, la figure de Mercure, qui avait pris les traits du bon pasteur de la tradition chrétienne, a été très souvent retrouvée.

En outre, les éléments naturels purement symboliques, tels que les poissons, les oiseaux ou les branches de différentes plantes, ont été davantage utilisés à l'origine. Plus tard, on y a ajouté des êtres humains et surtout de nombreuses scènes de l'Ancien et du Nouveau Testament, en se référant surtout aux principaux épisodes salvateurs.

Un autre élément architectural particulièrement intéressant à analyser est celui de la Domus Ecclesiae, dont nous avons déjà parlé. Nous avons vu qu'il s'agissait en fait de grandes maisons mises à la disposition des familles les plus riches pour le culte.

Cependant, vers l'an 200, des règles entièrement nouvelles pour l'accomplissement des rituels sont apparues, ce qui a nécessité une adaptation des espaces. La salle à manger est séparée de l'endroit où sont logés les catéchumènes et les pénitents, et des salles spécifiques sont ajoutées pour les nouveaux sacrements, tels que le baptême et la confirmation.

L'exemple le plus ancien de ce type d'adaptation qui nous soit parvenu est celui dit de "Dura Europos", une maison syrienne datant de 231, comportant de nombreuses pièces, dont une utilisée comme baptistère avec un bassin, et plusieurs murs décorés de scènes bibliques. Nous savons également que 25 domus ont été créées à Rome dans ce but, noyau primitif de ce qui allait devenir l'Église.

Architecture paléochrétienne du 4e au 6e siècle

Au cours du 4e siècle, la religion chrétienne connaît un véritable tournant. Tout d'abord, en 313, Constantin promulgue l'édit de Milan, qui accorde à tous les citoyens (et donc aux chrétiens) une totale liberté de culte : chacun peut adorer librement n'importe quelle divinité. En 380, l'édit de Thessalonique déclare le christianisme, selon les canons du credo de Nicée[2], religion

---

[2] Le credo de Nicée était basé sur le concept de l'unicité de Dieu, de la nature de Jésus et de la trinité. Il est devenu le principal credo de la foi chrétienne à la suite du premier concile de Nicée en 325.

officielle de l'empire, interdisant ainsi l'arianisme[3] et tous les cultes païens.

À la suite de ces deux grands édits, le christianisme peut enfin sortir de ses cachettes. Il sort des catacombes pour créer de véritables œuvres architecturales dans toutes les provinces de l'empire où il a réussi à se répandre : il trouve notamment un grand succès à Rome, Milan et Ravenne. Ces grandes églises étaient généralement construites à l'extérieur des villes, en correspondance avec les lieux de sépulture où se trouvaient les dépouilles des grandes figures du christianisme.

Les premiers bâtiments ont été construits à partir de modèles déjà présents dans les cultures de référence : romaine et hellénistique. Cela a donné lieu à deux grands types de construction : les bâtiments à plan basilical et les bâtiments à plan central.

Les bâtiments à plan basilical sont issus de la tradition romaine, et en particulier des basiliques civiles qui ont été construites pour accueillir de grandes foules, bien que des modifications et des transformations substantielles y aient certainement été apportées. Le modèle principal est celui de la basilique palatine, c'est-à-dire la basilique de cour, dans laquelle l'empereur se montre au peuple depuis l'abside du fond : la majesté de l'empereur se superpose alors à celle des dieux lorsque la basilique devient un lieu de culte.

Fondamentalement, les basiliques étaient des structures de plan rectangulaire, divisées longitudinalement en trois ou cinq nefs par une série de colonnes ou de piliers, eux-mêmes surmontés de nombreux arcs ou architraves. L'entrée était située sur l'un des plus

---

[3] La doctrine arienne, déclarée hérétique lors du premier concile de Nicée, soutient que seul le Dieu père peut être considéré comme une divinité véritable et propre, tandis que le fils n'est qu'un intermédiaire, doté de "pouvoirs" similaires, mais inférieurs et dérivés. Elle n'envisage donc pas la trinité.

petits côtés de l'édifice, du côté opposé à l'abside [4]. À l'origine, il y avait deux salles de service à côté de l'abside, qui sont devenues au fil du temps des absides plus petites, augmentant ainsi le nombre de nefs.

L'axe principal était généralement l'axe longitudinal, qui, en raison de sa forme allongée, convenait mieux aux processions : cet axe était le plus souvent orienté de manière à ce que l'abside soit placée à l'est, l'est étant symboliquement la direction dans laquelle se trouvait le paradis et, par conséquent, Dieu. Ainsi, les fidèles qui traversaient la nef en direction de l'abside lors des processions pouvaient symboliquement passer de la dimension terrestre à la dimension spirituelle.

L'intérieur des basiliques a également conservé une apparence très simple, compte tenu de la nature symbolique de la construction. Le matériau de prédilection était le bois, en particulier pour le plafond, qui était principalement construit à plat. La forme de la façade, en revanche, présentait des côtés inclinés, d'où son nom caractéristique de "hutte".

Enfin, de nombreuses basiliques (en particulier les plus grandes et les plus majestueuses) possédaient également une cour dont les quatre côtés étaient ornés de colonnes. Généralement, l'un des côtés était directement adjacent à la basilique et portait donc le nom de "pronaos".

La plupart des basiliques ont été construites à Rome, en Palestine et à Constantinople, qui étaient les principaux centres religieux de la chrétienté. La basilique Saint-Pierre de Rome elle-

---

[4] L'abside est la partie de l'église de plan semi-circulaire ou polygonal couverte d'une voûte, avec une forme générique de demi-dôme. C'est la partie dédiée à la divinité, qui s'oppose à la nef, dédiée aux fidèles.

même a été construite pendant cette période, bien qu'elle ait été entièrement reconstruite à la Renaissance.

Les bâtiments à plan central, en revanche, sont plus clairement helléniques, puisqu'ils s'inspirent principalement des "thòlos" mycéniens, des monuments funéraires datant de la fin de l'âge du bronze et répandus en Grèce.

Tous les bâtiments qui se sont développés autour d'un centre appartiennent à cette catégorie, quelle que soit leur forme : le plan peut être carré, circulaire, polygonal ou en croix grecque (c'est-à-dire une croix dont les quatre bras ont la même longueur). En général, cependant, la symétrie de la forme est bien soulignée par le dôme au centre : l'exemple le plus célèbre est certainement le Panthéon de Rome.

A l'origine, ce type de structure était surtout utilisé pour les "martyrions". Il s'agit de lieux construits sur la tombe d'un martyr ou sur le lieu de sa mort et donc entièrement dédiés à son culte. Plus tard, cependant, elles ont également été utilisées comme baptistères, mausolées, chapelles palatines et églises au sens large.

Il est intéressant de noter que ce type de plan était particulièrement répandu dans l'empire d'Orient, où il a été utilisé pour ériger les principales églises monumentales : un exemple frappant est la très célèbre Sainte-Sophie de Constantinople, qui a été reconstruite par Justinien en 537, prenant ainsi la forme que l'on peut encore voir aujourd'hui. Et c'est bien sous le règne de Justinien que de nouveaux modèles architecturaux se sont imposés, grâce aussi à de nombreuses avancées technologiques.

Sculpture paléochrétienne

Outre les nombreuses œuvres architecturales, la sculpture est l'une des formes d'art les plus importantes de l'ère paléochrétienne. Celle-ci est en grande partie représentée par les sarcophages, qui ont été progressivement décorés jusqu'à devenir une véritable forme d'art.

C'est précisément pour cette raison que la sculpture chrétienne s'est développée très lentement et qu'elle a pu emprunter de nombreux thèmes parmi les plus typiques du symbolisme funéraire païen. Par exemple, l'une des principales symbologies est la représentation du paon, symbole de la renaissance, donc de l'immortalité et de la résurrection.

Au fur et à mesure que ce type de sculpture se développe et se répand (vers la fin du IIIe siècle), des scènes pastorales et des paysages de plus en plus détaillés apparaissent également. Des scènes tirées des écritures sacrées sont également ajoutées, en particulier les épisodes des miracles accomplis par le Christ. C'est donc dans cette voie que le réalisme se perd peu à peu, comme nous l'avons expliqué précédemment.

La sculpture des sarcophages remplit donc une double fonction. D'une part, en effet, elle servait expressément à honorer l'illustre défunt et constituait donc un moyen de fabriquer des objets d'une certaine valeur pour les fidèles les plus fortunés. C'est pourquoi de nombreux sarcophages étaient de couleurs vives afin de donner une impression de richesse et d'honneur. D'autre part, comme on peut le deviner d'après le type de scènes illustrées, l'intention n'était pas tant de mettre en valeur des personnages individuels que de faire comprendre le sens de leurs exploits. Ainsi, les personnages représentés assument principalement un rôle symbolique et, une fois de plus, didactique.

Il faut cependant noter qu'au fil des siècles, les décors des sarcophages sont devenus de plus en plus simples et stylisés, jusqu'à être remplacés par des motifs décoratifs simples et enfin, avec l'arrivée du VIIIe siècle, par un dessin simple.

Peinture paléochrétienne

En ce qui concerne la peinture, très peu de choses nous sont parvenues des origines du christianisme. Il s'agit principalement des décorations des catacombes et des cimetières en surface, ainsi que des décorations à l'intérieur des domus qui étaient utilisées pour le culte.

Il s'agissait dans la plupart des cas de peintures à fresque, de sorte que le fond sur lequel l'artiste travaillait était généralement laissé blanc. Autour de ces représentations, le reste des murs était généralement recouvert d'un motif géométrique, avec des carrés formés par des lignes rouges et vertes.

En ce qui concerne les sujets de ces fresques, les figures sont généralement représentées une à une, séparément, et sont extrêmement stylisées, caractérisées par des traits très peu nombreux, avec seulement des effets d'ombre et de lumière, sans gradation de teintes. Cette technique soutient la théorie de la "vision rapide", selon laquelle seule une impression immédiate est laissée.

Bien sûr, ici aussi les thèmes concernaient des éléments de la tradition funéraire païenne, empruntés à la culture déjà présente sur place. Cependant, ils ont pris une signification entièrement chrétienne. Par exemple, l'un des thèmes les plus représentés est celui des quatre saisons, qui rappelle clairement le caractère éphémère de la vie humaine.

Rapidement, des personnalités entièrement chrétiennes ont commencé à aborder ces thèmes, surtout à partir du IIe siècle. Elles s'inspirent principalement d'épisodes relatés dans les écritures sacrées, ou de scènes typiques de la liturgie : ainsi, il n'est pas rare de trouver des représentations de cérémonies funéraires à côté ou au-dessus des catacombes. C'est également à cette époque que remonte la première peinture connue de la Vierge Marie : elle se trouve dans la catacombe de Priscille et est datée d'environ 230-240. C'est une image qui suit les canons auxquels nous sommes maintenant habitués : la femme a la tête voilée et porte un enfant nu dans ses bras, tandis qu'à ses côtés se tient un prophète. L'ensemble est peint dans des tons bruns, typiques de l'époque, et se caractérise par un contour assez épais, comme c'était d'ailleurs la tradition.

Quoi qu'il en soit, la peinture chrétienne primitive s'est progressivement développée et transformée, en partie sous l'influence des nombreuses populations avec lesquelles elle est entrée et est restée en contact. Un nouveau style a été emprunté principalement à l'art byzantin, que nous aborderons dans le chapitre suivant, et en particulier au début du IVe siècle.

Cette nouvelle tradition s'oriente clairement vers une simplification toujours plus grande, tant au niveau de la composition de l'image, où la relation entre les personnages disparaît peu à peu, qu'au niveau des personnages eux-mêmes, qui deviennent de plus en plus stylisés et abstraits. Et si, auparavant, le design restait simple et tendait à l'abstraction, cela est devenu de plus en plus évident, avec une réduction totale des couleurs qui a éliminé toute nuance.

Enfin, une autre caractéristique de cette nouvelle peinture est celle de l'éclairage indirect, qui entraîne un aplatissement total des figures, qui se détachent nettement sur le fond grâce à une accentuation encore plus marquée des contours.

Les mosaïques

Enfin, une dernière remarque s'impose à propos d'une forme d'art aussi importante que sous-estimée par la postérité. Il existait en effet, en plus de la sculpture et de la peinture, une autre forme de décoration tridimensionnelle très en vogue pour enrichir les catacombes, mais aussi la domus la plus importante : la mosaïque.

Ces œuvres couvrent principalement les sols, les recouvrant entièrement de sujets et de formes tant figuratives que géométriques qui retracent une fois de plus la tradition païenne en lui donnant une interprétation totalement nouvelle.

CHAPITRE 2

Art byzantin

L'art byzantin s'est développé plus ou moins en même temps que l'art chrétien primitif, et en particulier entre le Ve et le XVe siècle, d'abord au sein de l'Empire romain, puis dans l'ensemble de l'Empire byzantin. Au centre de ce courant artistique se trouvait bien sûr la capitale de l'empire : Constantinople (également appelée Byzance - aujourd'hui Istanbul).

En effet, la période historique n'est pas le seul élément commun à ces deux courants, bien au contraire. Là encore, le thème principal est la religiosité et l'intention est didactique. On assiste donc à nouveau à une perte de la plasticité des figures (c'est-à-dire de la spatialité, de la tridimensionnalité des représentations) et à une stylisation générale des figures, qui ne sont plus censées représenter la réalité, mais la majesté du divin.

En effet, si l'art byzantin a connu des manifestations différentes selon les lieux, il est resté assez stable dans ses caractéristiques essentielles, marquant de manière décisive le Moyen Âge, notamment en ce qui concerne Ravenne et Rome. On peut donc dire que les deux courants artistiques se sont accompagnés et influencés l'un l'autre, et qu'ils peuvent donc être traités comme un unicum à certains égards.

Avant d'aborder les différentes formes d'art, il convient toutefois de définir un contexte historique.

Le contexte historique

L'histoire de l'art byzantin est naturellement liée à celle de l'empire qui la définit. C'est précisément pour cette raison que l'on peut commencer à définir de grandes périodes à l'intérieur desquelles s'inscrit notre réflexion.

Nous avons donc une première période, dite paléo-byzantine, qui s'étend de la fondation de Constantinople au VIe siècle et se caractérise par l'absorption de la production artistique de quatre villes principales : Rome, Alexandrie, Éphèse et Antioche. Dans cette phase, on utilise donc des langages et des techniques de l'Antiquité, qui sont ensuite élaborés et transformés en un genre adapté au monde spirituel et impérial chrétien.

Cette phase de construction est suivie d'une période appelée "premier âge d'or", qui correspond au VIe siècle : c'est certainement la période historique où l'on trouve tous les chefs-d'œuvre de l'art byzantin par excellence, et où la qualité des œuvres d'art augmente considérablement.

Mais cette phase est suivie d'une période d'involution du VIIe siècle jusque vers 842 : la cause de ce terrible déclin artistique est certainement la lutte iconoclaste qui a eu lieu entre 726 et 843. L'iconoclasme est un mouvement religieux qui a pour fondement idéologique le principe du rejet total de la vénération des images sacrées : il va donc de soi que toute œuvre d'art, qui à l'époque était toujours de nature religieuse, devait être éliminée.

Heureusement, comme c'est souvent le cas dans l'histoire, après une période de crise, il y a toujours une renaissance. La période allant du 9e au 11e siècle est d'ailleurs appelée "Renaissance macédonienne". Au cours de cette phase, de nombreux modèles expressifs du passé ont été récupérés, en les empruntant principalement à la tradition grecque hellénistique. En outre, la période de grande floraison culturelle a également réussi à réapparaître dans l'art, qui a en effet retrouvé une vitalité qu'il avait oubliée depuis longtemps.

Ce moment de gloire s'est poursuivi au cours de la période suivante, mais sous une forme différente. Le XIIe siècle a été baptisé "Comnène", du nom de la famille comnène qui régnait sur l'empire à cette époque. Le style artistique à ce stade suit une ligne très différente de la précédente, beaucoup plus raffinée et élégante, ainsi que linéaire. Il s'agit d'un "deuxième âge d'or" au sens propre du terme, qui dure jusqu'en 1204, date à laquelle Constantinople tombe sous les assauts des Latins.

L'art byzantin s'arrête alors brusquement, pour ne reprendre qu'en 1261, avec la récupération de la capitale. Il y a ensuite ce que l'on appelle la "Renaissance paléologue", qui récupère à nouveau l'art hellénistique. Une fois de plus, le nom de la période historique est directement dérivé de celui de la dynastie au pouvoir à l'époque. La famille Paléologue sera la dernière dynastie à régner sur l'Empire byzantin, jusqu'à la chute définitive de la capitale sous Mahomet II en 1453, date qui marque la fin de l'empire et de son courant artistique.

Architecture byzantine

L'histoire de l'architecture byzantine est inévitablement liée aux villes qui ont fait la grandeur de l'empire, en premier lieu Constantinople, sa capitale.

Constantinople

Constantinople porte le nom du très célèbre empereur Constantin, mais le seul monument de cette époque qui nous soit parvenu est l'Hippodrome, l'arène de jeux qui servait également de lieu d'apparition publique de l'empereur. Tous les autres monuments datent du siècle suivant, lorsque la ville a commencé à s'étendre et que le développement urbain est devenu de plus en plus évident.

Enfin, avec l'arrivée du VIe siècle, Constantinople commence à présenter toutes les caractéristiques qui en ont fait l'une des principales villes du monde antique, au point de surpasser en beauté et en richesse la plupart des villes occidentales, surtout après l'extension des invasions barbares en Europe.

Parmi les œuvres majeures de cette période, on peut citer, à titre d'exemple, l'église de la Sainte-Sagesse, Hagia Sophia, qui est aujourd'hui l'un des principaux lieux de culte de l'Istanbul moderne et qui était alors l'une des principales églises de l'empire. Le bâtiment a été conçu comme une basilique latine traditionnelle, avec une colonnade et un toit en bois traditionnels et une entrée précédée d'un double narthex (c'est-à-dire une sorte de double atrium).

L'église que nous voyons aujourd'hui est cependant une reconstruction, qui a été nécessaire après un incendie survenu à la suite d'une révolte en 532. L'empereur Justinien a choisi de construire une basilique complètement différente, beaucoup plus grande et plus majestueuse. Les formes monumentales, la grande coupole d'où s'échappe une lumière presque impalpable et la très large base centrale ont fait de Hagia Sophia le centre fondamental de la religion impériale, à tel point qu'elle est devenue le siège du patriarche de Constantinople et le lieu où se déroulaient toutes les cérémonies impériales.

Dans le même temps, la capitale s'est imposée comme un centre artistique, attirant des personnes de tout l'empire, qui ont ensuite diffusé les découvertes dans les provinces.

Rome

Tout aussi importante pour l'ère byzantine est la ville de Rome, qui a naturellement attiré une grande partie de l'art religieux de l'époque. Bien que la ville n'ait plus le faste et l'importance qu'elle avait sous l'Empire romain, elle reste le centre de la chrétienté.

En fait, pendant la première période, Rome a vécu exclusivement de loyers, continuant à utiliser les basiliques et les structures construites antérieurement. Ce n'est qu'au milieu du VIe siècle que de nouvelles églises ont commencé à être construites.

Le premier édifice érigé fut l'église des saints Cosmas et Damien, construite à partir de parties d'édifices antérieurs au centre du forum romain, à la demande du pape Félix IV : c'était en effet le symbole de l'union par excellence entre la tradition classique et le nouveau christianisme, dans un lieu qui faisait office de pont entre les deux mondes. À l'intérieur, les représentations sont irréelles, symboliques et surnaturelles, avec une nette coloration chrétienne, mais on peut encore percevoir le sens de la plasticité et de la représentation des figures dans la tradition classique : par exemple, les ombres projetées par les personnages apparaissent encore, un détail qui disparaîtra définitivement dans toutes les représentations romaines ultérieures. De plus, le fond est encore bleu, et non pas doré comme ce sera le cas pour les représentations purement byzantines à partir de cette époque.

Bien que Rome ait également participé activement au développement de l'art byzantin au cours de cette période, la production artistique a malheureusement connu un tournant important au milieu du VIe siècle : c'est le début des guerres gothiques, qui ont introduit un type d'art totalement différent.

Outre l'art gothique proprement dit, que nous aborderons dans un chapitre ultérieur, l'accent a été mis à cette époque sur la restauration des grands ouvrages publics endommagés par la guerre, tels que les murailles, les aqueducs et les ponts. La christianisation s'est brusquement ralentie, même si des églises ont continué à être ouvertes dans des bâtiments préexistants en cours de transformation.

En somme, si jusqu'au Ve siècle l'art romain avait été totalement autonome, au point de constituer à son tour un modèle pour les autres cultures, il n'en va plus de même à partir du VIe siècle : la ville sera largement influencée par la tradition gothique et, plus à l'est, par des influences venues de Syrie et de Palestine, comme en témoignent les nombreuses représentations qui nous sont parvenues jusqu'à aujourd'hui.

Ravenne

Un discours beaucoup plus large doit être tenu pour la ville de Ravenne. Dans cette ville, l'art de cette période était particulièrement florissant, au point de créer un véritable courant : l'*art ravennate*. En effet, Ravenne a été la capitale de l'Empire romain d'Occident de 402 à 751, c'est-à-dire jusqu'à l'invasion des Lombards : une période très prospère et florissante. Les œuvres de cette période qui nous sont parvenues témoignent d'un style véritablement distinctif en matière d'architecture, de sculpture et de mosaïque, ce qui est certainement unique pour l'étude de l'art byzantin, puisque la plupart des œuvres contemporaines de l'Empire romain d'Orient ont été détruites pendant la période de l'iconoclasme.

Les œuvres de Ravenne nous montrent que, si l'art byzantin peut d'abord être assimilé à l'art paléochrétien, il s'en détache rapidement pour atteindre une plus grande monumentalité des figures au détriment de la plasticité des corps. La tridimensionnalité est totalement absente de cette période et les personnages apparaissent stylisés et stéréotypés : seuls les visages sont réalistes, tandis que la divinité est représentée par la présence constante d'auréoles. En général, les représentations revêtent un caractère presque extra-terrestre, précisément parce que les personnages semblent presque suspendus en dehors du temps et de l'espace.

Sur le plan architectural, Ravenne nous a offert de nombreux édifices richement décorés, tels que la basilique Saint-Jean l'Évangéliste, le baptistère orthodoxe et surtout le célèbre mausolée de Galla Placidia. Le plus grand développement architectural a eu lieu sous l'empire de Justinien, au milieu du VIe siècle, et s'est caractérisé par des bâtiments dans lesquels les motifs romains et byzantins se mêlaient.

Cependant, ce qui distingue particulièrement les bâtiments de tradition byzantine, non seulement à Ravenne mais dans tout l'empire, c'est la décoration intérieure, composée principalement de mosaïques, véritable point fort de l'art de cette période historique. Examinons maintenant cette technique spécifique, à l'aide d'exemples également empruntés à la capitale Ravenne.

Mosaïques byzantines

La technique de la mosaïque a sans aucun doute joué un rôle prépondérant dans l'art byzantin, tout comme dans le monde latin. Non seulement les matériaux étaient faciles à trouver (grâce aux nombreux raids mais aussi à la réutilisation d'anciens bâtiments), mais l'utilisation des tesselles s'est avérée être un outil idéal pour représenter ce que les représentations exigeaient : des figures stylisées d'un grand effet et d'une signification symbolique encore plus grande. L'excellence de la mosaïque a atteint son apogée à Ravenne, sans doute, mais aussi à Constantinople même, où, à partir du VIe siècle, cette technique est devenue l'art par excellence et a acquis des caractéristiques particulières.

En particulier, l'un des éléments fondamentaux de la technique de la mosaïque byzantine est la dynamique de la lumière. Les artistes ont cherché par tous les moyens à créer des œuvres qui recréent une dimension abstraite, d'un autre monde, dans l'intention de transcender la réalité matérielle et de s'approcher de la sphère spirituelle. En pratique, cela signifie que si l'espace autour des personnages a tendance à s'agrandir, les personnages, eux, se rétrécissent et deviennent plats et stylisés, même s'ils conservent des couleurs vives.

Ce processus s'est amplifié au fil des siècles, si bien qu'à partir du IXe siècle, les représentations sont des concepts réels, et non plus des récits comme c'était le cas jusqu'à présent. Bien sûr, il s'agit toujours de concepts religieux et particulièrement dogmatiques, d'éléments qui ne pouvaient en aucun cas être remis en question par les fidèles qui en étaient fascinés et émerveillés.

La répartition des personnages dans les mosaïques suit un schéma assez rigide et répétitif. Au centre se trouve toujours le Christ Pantocrator [5], entouré d'un ensemble d'anges disposés en dôme. De chaque côté se trouvent les évangélistes. La figure de la

---

[5] Le Christ Pantocrator, typique de l'art byzantin, représente Jésus dans sa gloire et est souvent représenté assis sur un trône, dans une attitude majestueuse. La main droite est levée avec trois doigts, dans la tradition chrétienne orthodoxe, tandis que l'autre main tient l'évangile.

Madone, en revanche, est généralement représentée dans l'abside, car ce personnage représente la médiation entre les sphères céleste et terrestre. Enfin, dans les allées, il y avait la narration des épisodes fondamentaux des évangiles.

La mosaïque en général, et ce type de représentation en particulier, a été une constante à toutes les époques de l'art byzantin, et de nombreux témoignages nous montrent comment cette technique a continué à être appliquée pendant des siècles. De nombreuses mosaïques parfaitement visibles subsistent encore aujourd'hui, dont la plus célèbre est certainement celle de la Pieta de la Hagia Sophia à Istanbul.

Il convient également de mentionner que les mosaïques byzantines ont été redécouvertes au XIVe siècle et ont connu un nouvel essor grâce à des couleurs plus vives et à des représentations qui laissaient beaucoup plus de place à l'humanité et à l'intimité dans la nouvelle tradition artistique.

Peinture byzantine

Outre les mosaïques, la technique la plus utilisée pour décorer les bâtiments était la peinture, et en particulier les fresques. Les caractéristiques générales sont globalement les mêmes que celles de la mosaïque en général : de nombreux éléments de la tradition classique-hellénistique ont été récupérés, tout en les révisant et en les corrigeant pour tenter de mieux répondre aux exigences religieuses de la nouvelle foi.

Pour cela, nous trouvons principalement une perspective frontale, qui permet à la couleur d'être répartie plus uniformément, en évitant tout ombrage, et aux formes d'être plus fixes et stables : il s'agit d'une autre manifestation symbolique de la certitude et de

31

l'immuabilité de la foi. Ainsi, pour résumer les caractéristiques de la peinture byzantine, on retrouve l'absence de volume et de tridimensionnalité et donc la frontalité des personnages, tous représentés avec la tête à la même hauteur (convention esthétique appelée isocéphalie), avec une expression sévère et un regard fixe, mais portant néanmoins des vêtements précieux et colorés. Ce caractère statique s'accompagne d'une certaine répétitivité des gestes, qui semblent vides et suspendus dans l'espace, principalement en raison de l'absence d'un véritable plan sur lequel les personnages se tiennent. Le fond, quant à lui, est généralement monochrome, le plus souvent entièrement doré, avec seulement la présence de quelques éléments végétaux jouant un rôle à la fois de remplissage et de décoration.

Ce bref résumé nous permet de comprendre qu'il s'agit du symbolisme le plus pur, qui ne respecte en rien les exigences naturalistes propres aux œuvres classiques. Comme nous avons eu l'occasion de le répéter à plusieurs reprises, dans cette période, il s'agit surtout de refléter une dimension transcendante, qui puisse suggérer au fidèle une réalité immatérielle qu'il aurait difficilement pu imaginer avec ses propres forces. Une fois de plus, l'intention est donc festive, bien sûr, mais aussi et surtout didactique.

Il faut cependant préciser qu'aucune des œuvres les plus anciennes n'a malheureusement survécu; nous n'avons que quelques témoignages des fresques des catacombes romaines datant du VIIIe siècle, ainsi que celles de l'église Saint-Démétrius de Thessalonique. Cependant, nous disposons de quelques œuvres de grande valeur, tant historique qu'artistique, datant des siècles suivants, en particulier dans les régions de Cappadoce et d'Anatolie. Il convient également de mentionner plusieurs fresques chypriotes, dont les plus remarquables sont celles des murs de l'église de Panagia Phorbiotissa à Asinou, datant du XIIe siècle.

Quant aux fresques qui subsistent en Italie, elles sont principalement concentrées dans les églises rupestres des régions méridionales, en particulier dans la région des Pouilles et de la Basilicate. Il s'agit d'œuvres réalisées par les moines qui ont fui l'Asie mineure pendant la période d'iconoclasme et surtout après l'invasion des Turcs musulmans.

En ce qui concerne les deux siècles suivants, il faut mentionner les fresques du territoire de l'ex-Yougoslavie qui, par leur raffinement et leur délicatesse, sont le plus grand témoignage qui nous soit parvenu de la Renaissance paléobaroque. Ces exemples montrent clairement que les œuvres ont commencé à subir les influences de l'art italien de la seconde moitié du XIIIe siècle au cours de cette dernière période

Icônes

Dans le cadre du discours sur la peinture, il est également nécessaire de développer un discours distinct sur l'art fondamental de la peinture d'icônes : il s'agit de toutes les représentations de Jésus, de la Vierge, des saints et des douze fêtes qui sont devenues partie intégrante du christianisme orthodoxe.

Ces icônes peuvent être réalisées à l'aide des techniques les plus variées. Les méthodes les plus utilisées sont certainement l'encaustique, une technique de peinture basée sur l'utilisation de couleurs mélangées à la cire par la chaleur, la peinture à la détrempe, dans laquelle la couleur est obtenue en mélangeant des pigments en poudre avec un liant composé de parties huileuses mélangées à de l'eau, la peinture en mosaïque, la peinture sur panneau, qui implique le support de planches en bois, ou la peinture murale.

Comme nous pouvons le constater dans l'Église orthodoxe d'aujourd'hui, qui a conservé une grande partie de ses traditions byzantines, les icônes ont toujours eu une grande importance, sur le plan religieux mais pas seulement. En fait, c'est l'État lui-même qui a placé une grande confiance dans le pouvoir de ces images, au point de les élever au rang de protecteurs civils. Il suffit de dire que certaines icônes sont même devenues des palladiums[6] de l'État byzantin.

D'un point de vue artistique, l'importance des icônes n'en est pas moins grande. Ils ont joué un rôle fondamental dans toutes les régions placées sous le contrôle politique et culturel de l'empire et ont influencé ses courants artistiques. Il suffit de penser que la peinture sur toile a été récupérée plus tard en Occident précisément grâce à la transmission des icônes, et que la grande importance que la peinture sur panneau a jouée à partir du XIIe siècle dans l'art européen, et en particulier dans l'art italien, leur est également due. Selon plusieurs historiens de l'art, de nombreuses productions artistiques occidentales ne sont rien d'autre que des adaptations d'icônes aux différentes structures des églises occidentales et aux différentes liturgies.

L'une des collections d'icônes les plus extraordinaires au monde est certainement celle conservée au monastère de Sainte-Catherine sur le mont Sinaï, en Égypte. C'est là, en effet, que sont conservées des icônes très anciennes et très précieuses.

---

[6] Le palladium était un simulacre, généralement en bois, censé avoir le pouvoir de défendre une ville entière (ou dans ce cas un État) contre les ennemis ou l'adversité. Le nom vient du fait que le premier palladium était une statue de la déesse Athéna, également appelée Pallas Athéna sur la base d'un mythe. En fait, on disait que la déesse avait accidentellement tué sa compagne de jeu Pallas, et qu'en signe de deuil, elle avait pris son nom et fait construire cette image, demandant qu'elle reste à côté de Zeus sur le mont Olympe.

Sculpture byzantine

Enfin, il faut dire quelques mots d'une technique artistique certes moins en vogue à l'époque byzantine, mais toujours digne d'intérêt : la sculpture, et en particulier la sculpture sur pierre. En effet, contrairement à l'Occident, dans l'empire d'Orient, la sculpture n'a jamais été séparée de sa fonction principale de décoration d'œuvres architecturales beaucoup plus grandes, et il y a très peu de sculptures qui ont été produites en tant que telles, de sorte qu'elles sont restées autonomes.

La méfiance de la culture religieuse orientale à l'égard de l'utilisation de sculptures est sans aucun doute une cause importante de ce choix. En effet, presque toutes les statues accumulées à Constantinople au fil des siècles (et elles étaient nombreuses) étaient en fait des statues classiques, représentant donc des sujets issus de la tradition grecque et romaine. En effet, la nouvelle tradition théologique avait des vues très précises sur la représentation sacrée, notamment en raison du conflit avec l'iconoclasme : elle s'occuperait principalement de la production picturale.

Mais à part cela, même dans le domaine de la sculpture, l'art byzantin nous a laissé de nombreuses œuvres de valeur, en particulier des pierres tombales et tout ce qui concerne le monde de la sépulture. En effet, les "arts suntuaires", c'est-à-dire le travail de matériaux précieux à des fins artistiques, ont joué un rôle central : il pouvait s'agir de pierres et de cristaux, mais aussi d'ivoire ou de différents types de métaux.

En ce qui concerne le travail du métal, il s'agissait principalement de fabriquer des reliquaires ou des ornements sacrés. Elle s'accompagnait généralement de la production de décorations en émail, une autre technique artistique qui s'est développée au cours des années de domination byzantine. Mais c'est certainement avec l'ivoire, véritable perle de l'art byzantin, que l'on a atteint les plus hauts sommets en termes de qualité. Parmi les œuvres les plus précieuses, citons l'ivoire Barberini[7] et la chaise de l'évêque Maximien[8].

---

[7] Connu également sous le nom de diptyque Barberini, il s'agit d'une tablette d'ivoire composée de quatre plaques avec des gravures en bas-relief et en haut-relief, et représentant l'empereur triomphant. Il s'agit d'une œuvre très ancienne, datée du VIe siècle, qui se trouve aujourd'hui au musée du Louvre à Paris.

[8] La cathèdre n'est rien d'autre qu'un trône épiscopal en bois recouvert de plaques d'ivoire. Cette œuvre remonte également au VIe siècle et est actuellement conservée à Ravenne en l'honneur de Maximien, le premier archevêque de la ville, pour qui elle a été réalisée.

CHAPITRE 3

Art islamique

Avant d'aborder l'art gothique, que nous avons déjà évoqué dans les chapitres précédents, un bref excursus sur l'art islamique s'impose, un concept très large qui trouve pourtant parfaitement sa place à ce stade de notre ouvrage. Mais prenons un peu de recul.

Le terme "art islamique" (souvent utilisé au pluriel) désigne toutes les œuvres produites depuis l'Hégire[9] (correspondant à l'année 622 dans le calendrier chrétien) jusqu'au XIXe siècle par tous les artistes ayant vécu dans des territoires historiquement et culturellement liés à l'islam (et donc pas nécessairement musulmans). Il est donc clair qu'il s'agit d'un courant artistique très large, qui en englobe beaucoup d'autres.

Toutefois, si nous voulons le considérer comme un macro-ensemble, nous pouvons dire que, au moins au début, l'art islamique s'est inspiré de la tradition romaine et byzantine, avant de se mêler à l'art persan et à l'art chinois (très florissant). En effet, on retrouve dans les premières œuvres certains traits que nous avons déjà évoqués dans les chapitres précédents : la tentative de représenter des éléments abstraits, la stylisation des formes (en

---

[9] Le terme "hégire" fait référence à l'exode de Mahomet de La Mecque vers Yathrib (rebaptisée plus tard Médine) avec les premiers musulmans pieux. L'événement est autant la conséquence de l'hostilité de ses concitoyens que du rôle de pouvoir que lui ont offert les tribus de Yathrib en échange de son aide dans la gestion des relations hostiles entre les différentes communautés de l'oasis.

particulier des formes humaines), l'abandon d'une perspective tridimensionnelle.

Nous pouvons également tenter de diviser ce courant en quatre grands moments historiques. La première correspond aux années entre 660 et 750 et est connue sous le nom de période omeyyade[10]. Viennent ensuite la période intermédiaire des Abbassides[11] et la dynastie turque des Seldjoukides[12], qui date d'environ 1100, et les Safavides[13], avec lesquels nous arrivons en 1600. Enfin, nous arrivons à la dernière grande période de l'histoire, celle de la renaissance de l'art sous le règne des Ottomans, un empire qui a survécu pendant pas moins de 623 ans, jusqu'en 1922.

Comme on peut le deviner, il est impossible de définir un contexte historique de l'art islamique, car il s'agirait d'une tâche titanesque qui dépasse largement le cadre de ce volume. C'est pourquoi nous commencerons immédiatement par décrire les principales techniques artistiques, en nous référant plus particulièrement à la période qui nous intéresse et surtout au bassin méditerranéen, qui est notre principal centre d'intérêt. Dans ce cas, la période qui nous intéresse est celle de la domination musulmane de la Sicile et de l'Italie du Sud, qui remonte au IXe siècle et qui a apporté des nouveautés significatives à la production artistique de la région.

---

[10] Les Omeyyades étaient l'un des clans les plus riches de La Mecque à l'époque du prophète Mahomet.

[11] Les Abbassides ont régné de 750 à 1258 et en partie de 1261 à 1517.

[12] Les Seldjoukides étaient la dynastie dominante en Asie centrale et au Moyen-Orient, régnant pendant plusieurs siècles, en particulier du 11e au 14e siècle. Grâce à leur puissance, ils ont réussi à créer un empire qui s'étendait de l'Anatolie à une partie de la Chine. C'était l'un des plus grands empires de l'époque.

[13] Les Safavides étaient une dynastie de frères turcs qui a régné sur la Perse entre 1501 et 1736. Ils peuvent être considérés comme les créateurs de l'Iran, car ils ont unifié les provinces de la région sous un pouvoir central.

Architecture islamique

En fait, il reste très peu de choses de la première période de l'histoire islamique (celle qui précède le IXe siècle) sur le plan architectural, car il n'y avait pas encore de grande dynastie pour "patronner" les artistes. La principale œuvre des siècles précédents est la Maison du Prophète à Médine, dont il existe de nombreux témoignages écrits bien qu'elle n'existe plus aujourd'hui. On dit que cette maison a été le premier endroit où les musulmans se sont officiellement rassemblés, bien que l'on pense que la prière est possible partout.

D'un point de vue architectural, cependant, la Maison est certainement une œuvre importante, car elle est la représentation par excellence de la mosquée de plan arabe, qui comprend une cour avec une salle de prière hypostyle[14]. Cependant, comme la structure était faite de matériaux périssables (notamment du bois et de la terre battue), il n'en reste absolument rien. La Grande Mosquée de Médine se dresse aujourd'hui à son emplacement supposé.

Il est curieux de constater que l'islam est né dans des régions où l'art était peu répandu auparavant, même si elles étaient entourées d'empires particulièrement prolifiques en la matière. C'est précisément la raison pour laquelle, au moins au début, l'art islamique utilise de nombreuses techniques et thèmes des pays voisins, en particulier dans la construction d'objets.

Cependant, avec l'arrivée de la période omeyyade, l'architecture religieuse et civile a commencé à se développer selon ses propres lignes. Dans ce cas, le plan arabe dont nous avons parlé

---

[14] Un hypostyle se définit comme un espace clos dont le toit est soutenu par des colonnes. Ce type de structure existe depuis l'Égypte ancienne et a été particulièrement utilisé par l'art islamique.

précédemment devient réellement un modèle à partir duquel la plupart des bâtiments sont construits. C'est sur la base de ce modèle qu'a été construite la mosquée des Omeyyades à Damas, qui est devenue une véritable pierre angulaire de ce style.

Parmi la pléthore de constructions arabes, un rôle de premier plan est certainement joué par le Dôme du Rocher à Jérusalem, qui s'inspire clairement de la tradition byzantine (comme le laissent supposer les mosaïques à fond d'or et le plan central), mais qui présente néanmoins des caractéristiques purement islamiques, telles que la grande frise de l'inscription. Les châteaux du désert trouvés en Palestine offrent également des exemples très clairs d'architecture civile et militaire, bien que les spécialistes ne s'accordent pas sur l'utilisation finale de ces structures : apparemment, elles pouvaient remplir des fonctions différentes selon l'endroit où elles se trouvaient.

Les constructions architecturales de l'art islamique prennent des formes spécifiques, notamment en relation avec leur fonction religieuse. Le bâtiment le plus courant est certainement la mosquée, mais ce n'est pas le seul : il y a aussi des madrasas[15], des lieux de retraite, etc.

A leur tour, ces grandes catégories peuvent prendre des formes différentes selon les zones géographiques. Presque toutes les mosquées suivent le plan arabe que nous avons vu plus haut, mais les décorations et les formes changent considérablement. Au Maghreb, en revanche, on adopte le plan dit "en T", où les nefs sont parallèles à la qibla. En Égypte et en Syrie, les nefs sont parallèles entre elles. En Iran, la brique est utilisée pour la structure et le stuc et la céramique pour la décoration, et les formes architecturales

---

[15] Dans l'histoire de la culture islamique, le mot madrasa désigne une école ou un établissement d'enseignement supérieur où l'on complète l'apprentissage religieux commencé à la mosquée.

strictement islamiques, telles que les iwans[16], sont privilégiées, tandis qu'en Espagne, les éléments architecturaux varient considérablement, en particulier les arcs.

Par la suite, nous assistons à un déplacement des nouveaux centres de pouvoir vers Bagdad et Samara.

La peinture et l'art du livre

L'art islamique se concentre particulièrement sur la calligraphie et ne traite que très rarement des figures humaines. Cela dépend en grande partie des sensibilités religieuses musulmanes : on estime que la représentation d'êtres humains peut conduire à une forme d'idolâtrie qui constitue un péché contre Allah, et est donc interdite par le Coran. De plus, la tentative de reproduire la réalité est elle-même un péché, car elle indique une tentative de l'homme de vouloir imiter l'œuvre d'Allah lui-même, comme pour se mettre au même niveau que lui.

Cette sensibilité, qui existe depuis le début de la foi islamique, est à la base de ce qui deviendra plus tard l'iconoclasme. En fait, ce type de pensée a également influencé l'art byzantin, puisqu'il a engendré une période de crise qui a contraint de nombreux artistes à se rendre à Rome et a donné naissance à ce que l'on appelle la Renaissance byzantine, qui, rappelons-le, a eu une importance fondamentale sur la construction de l'art occidental après le IXe siècle.

Il convient toutefois de souligner que l'art islamique ne rejette la représentation de figures humaines que dans les lieux de culte

---

[16] L'iwan est une pièce fermée et couverte située à l'une des extrémités d'un bâtiment, qui s'ouvre vers l'extérieur et dont l'entrée est surmontée d'un arc, qui est typiquement l'arc persan.

ou, du moins, dans les œuvres religieuses, alors qu'il existe une plus grande liberté lorsque le lieu et le thème sont profanes. En effet, comme nous le verrons bientôt, une grande partie de l'art islamique n'est pas du tout religieuse. En ce sens, l'islam est davantage considéré comme un contexte culturel commun que comme une véritable religion. Contrairement à ce que l'on pourrait penser (et à de nombreuses fausses informations diffusées au fil des siècles), il existe de nombreuses représentations humaines, animales et même de Mahomet : simplement, rien de tout cela ne se trouve à l'intérieur des lieux de culte (à quelques rares exceptions près).

Cela dit, l'art islamique, même lorsqu'il est utilisé comme moyen de culte, ne cesse pas pour autant d'être un vecteur de beauté. Ce n'est pas un hasard si c'est dans le cadre de cette tradition que l'arabesque a été développée en tant que style ornemental général, une combinaison d'éléments calligraphiques et de motifs symboliques qui pouvait également être utilisée sans problème dans un contexte de prière. Ainsi, au fur et à mesure que les conquêtes territoriales du monde musulman parvenaient à trouver de nouvelles zones d'influence, de nouveaux mélanges stylistiques s'ajoutaient en même temps dans tous les continents où la diffusion se poursuivait régulièrement : en Asie, en Afrique et même en Europe, le goût esthétique rejoignait les tendances locales, tout en maintenant le respect des dogmes religieux.

Il faut également préciser que ces différentes peintures, en particulier les peintures architecturales, sont des œuvres d'art d'une grande qualité. Il suffit de penser à ceux qui sont conservés dans la chapelle palatine du palais normand de Palerme, achevé vers 1140, mais aussi aux nombreux mausolées et lieux de culte et de pouvoir. C'est précisément cette grande multiplicité d'influences issues de différentes traditions qui rend l'art islamique si intéressant : la circulation des artistes à travers les différentes régions occupées a contribué au développement de nombreux courants artistiques qui, autrement, n'auraient jamais vu le jour.

Dans un contexte aussi diversifié, le seul point commun entre les différentes cultures islamiques était l'utilisation d'une écriture commune à l'ensemble de la civilisation. La calligraphie était tout aussi importante, et ce n'est pas un hasard si l'art du livre est une des clés de voûte de la culture islamique. L'art du livre regroupe toutes les techniques artistiques les plus importantes de l'époque : la peinture, la reliure, la calligraphie et l'enluminure.

Il existe essentiellement trois types d'art du livre, divisés par zone géographique d'expertise : l'art arabe (Syrie, Égypte, Afrique du Nord), l'art ottoman et l'art persan. Chacun de ces groupes a son propre style, à tel point qu'ils ont créé leur propre école, avec leurs propres artistes et leurs propres conventions. Il existe toutefois des influences entre les écoles, d'autant plus qu'elles se développent en parallèle et que même les frontières géographiques ne sont pas aussi clairement définies. De plus, les artistes ne cessent de se déplacer, créant ainsi de nouveaux mélanges.

Les arts mineurs

Outre l'architecture et la peinture, les artisans islamiques se sont également spécialisés dans ce que l'on appelle les "arts mineurs". Ce terme désigne généralement toutes les activités qui font partie des arts décoratifs au sens le plus large du terme.

Dans les pays islamiques (mais pas seulement, nous parlons aussi d'autres peuples orientaux), ces activités étaient exercées à des fins tant utilitaires qu'artistiques. C'est ainsi qu'à partir d'un simple artisanat, on pouvait arriver à de véritables œuvres d'art. Ici, la "sculpture" (au sens le plus large du terme) est surtout utilisée pour des raisons non religieuses, et les artisans parviennent à faire preuve d'une maîtrise remarquable de cet art, puisque des techniques complètement différentes sont appliquées selon les régions. Les arts du métal, de la céramique, du verre, de la pierre taillée et du bois sculpté ou incrusté sont les principaux domaines qui nous intéressent dans l'aire géographique sur laquelle nous nous concentrons.

Dans les régions du sud de l'Italie, en particulier, la céramique est très répandue, souvent non émaillée, ou parfois avec une glaçure transparente monochrome verte ou jaune[17]. En fait, ce type de tradition perdure depuis l'époque préislamique. En fait, de nombreux spécialistes affirment que la tradition céramique islamique reprend toute une série d'éléments déjà utilisés par les artisans occidentaux, tels que les feuillages végétaux (notamment les feuilles d'acanthe, très répandues) ainsi que divers éléments empruntés au monde naturel. Une autre catégorie d'éléments conçus par des peuples antérieurs et conservés est celle des éléments créés par les Sasanides[18], tels que les célèbres motifs d'ailes.

---

[17] Dans la production de céramique, la glaçure est un revêtement de verre transparent qui est appliqué sur le travail de base. Ce type de revêtement sert à la fois à imperméabiliser la céramique et à la décorer.

[18] L'Empire sassanide, également connu sous le nom de Second Empire perse, a régné sur la région de 224 à 651. Considéré comme le dernier empire perse actif de l'époque préislamique, il est parvenu au cours de son existence à devenir l'une des principales puissances de l'Asie occidentale, méridionale et centrale, au point de se placer sur un pied d'égalité avec l'empire romain puis l'empire byzantin. D'un point de vue artistique, c'est l'une des plus grandes périodes d'épanouissement de la civilisation iranienne, à tel point qu'une grande partie de ce qui deviendra plus tard la culture musulmane a été créée pendant cette période.

Thèmes et iconographies dans l'art islamique

Nous aimerions ajouter une brève réflexion sur les thèmes et les iconographies actuels de l'art islamique. En effet, le plus souvent, lorsqu'on aborde ce type d'art, on se contente de parler d'art religieux (qui, par ailleurs, est un thème fondamental pour tous les courants artistiques de l'époque) ou on se réfère simplement aux motifs géométriques et aux arabesques qui dominent sans conteste l'art pictural et architectural islamique. Il convient toutefois de souligner qu'il existe en réalité de nombreuses représentations figuratives (même celles qui n'appartiennent pas du tout à la sphère religieuse) qui ont le droit d'être valorisées.

Il est indéniable que la religion a joué un rôle central dans le développement de ce type d'art, principalement parce qu'elle est le fil rouge qui unit tous les peuples qui font partie de ce courant. Cependant, il faut considérer que le monde islamique n'est devenu majoritairement musulman qu'au cours du XIIIe siècle : auparavant, de nombreuses confessions sont intervenues dans la construction d'une culture commune, avec un rôle qui n'était pas négligeable. En particulier, toute la zone allant de l'Égypte à l'actuelle Turquie était manifestement chrétienne, alors que le monde indien était déjà fortement hindouiste; il y avait des pourcentages importants d'animisme dans la zone du Maghreb, mais surtout, un rôle fondamental était joué par le zoroastrisme, qui prédominait dans toute la Perse et donc dans les provinces de son empire.

Toutes ces religions faisaient inévitablement partie de la culture qui s'était créée dans la région, mais n'ont pas nécessairement trouvé une manifestation artistique explicite. Cependant, il est certain qu'elles ont exercé une grande influence sur les œuvres littéraires et, par conséquent, sur la calligraphie. Chaque musulman se devait alors d'apprendre à écrire le Coran, ce qui a naturellement contribué à la diffusion de cet art. Lorsque cette théorie s'est imposée, les thèmes non religieux ont toutefois largement cessé d'être présents dans cette forme d'art : ils ont été conservés principalement dans la céramique, où les figures humaines et animales pouvaient être représentées librement sans crainte d'encourir le courroux divin. Cependant, la question de la représentation figurative reste l'une des plus complexes dans le monde islamique.

Influences islamiques dans l'art occidental

Nous concluons donc ce chapitre par une réflexion sur les influences que l'art islamique a exercées sur le monde occidental. En particulier, ce type de processus a eu lieu pour l'art chrétien entre le 8e et le 19e siècle, puis au cours du Moyen Âge et de la Renaissance. Au cours de ces siècles charnières pour le développement de la culture occidentale, la distance entre la chrétienté et l'islam était résolument étroite, et quelque peu fluide : les populations étaient en perpétuel mouvement et échange, et entretenaient des relations diplomatiques et commerciales régulières, facilitant ainsi le brassage culturel et artistique.

L'importation des arts islamiques en Europe a commencé au Moyen Âge, bien que la plupart des objets qui nous sont parvenus soient ceux qui étaient en possession de l'Église.

Ce type de contact a d'abord eu lieu principalement dans le sud de l'Italie, en particulier en Sicile, et dans la péninsule ibérique : ces deux régions abritaient un pourcentage important de la population musulmane. Plus tard, ce type d'échange s'est également étendu aux républiques maritimes, qui ont toutefois conservé le monopole du commerce des œuvres d'art. Ce commerce s'est encore développé avec l'arrivée des croisades. Bien que la lutte contre les territoires et la foi islamiques ait été l'un des sujets brûlants de l'époque, cela n'a jamais empêché les croisés d'apporter en Europe tous les artefacts et produits considérés comme ayant une grande valeur artistique.

C'est ainsi que les techniques caractéristiques de ces peuples ont commencé à arriver avec de plus en plus de force dans les régions occidentales, au point de se répandre dans toutes les populations, même les plus méfiantes. Il suffit de penser, à titre d'exemple, aux Normands : leur conquête de la Sicile a permis de mêler inextricablement ces trois grandes traditions, créant un style totalement nouveau, caractérisé par des mosaïques et des sculptures, notamment en ivoire et en bronze.

Bien entendu, la question était beaucoup plus complexe en Espagne et au Portugal, où les musulmans avaient dominé pendant longtemps, créant de véritables royaumes. De l'union de ces deux traditions est né l'art mozarabe, un courant entièrement nouveau.

Et ce mélange de styles n'a fait que s'accentuer au cours de la domination, et surtout dans les années de la « Reconquista »[19], jusqu'à donner naissance à un autre style entièrement nouveau, le style mudéjar, que nous allons maintenant étudier de plus près.

---

[19] Le terme "Reconquista" désigne la période historique, qui a duré près de huit cents ans, au cours de laquelle les armées chrétiennes ont conquis les royaumes maures (c'est-à-dire la partie de la péninsule ibérique sous domination musulmane, correspondant approximativement à l'Espagne et au Portugal d'aujourd'hui), et qui a culminé en 1492, lorsque le dernier souverain musulman a été expulsé de la péninsule.

Art décoratif

Au cours du Moyen Âge, comme nous l'avons dit, toute une série d'objets issus des différents arts décoratifs ont été importés du monde islamique. Cette importation s'est faite principalement par l'Italie, et surtout par la ville de Venise, et il ne faut pas s'en étonner : dans de nombreuses régions d'Europe, la production artistique ne pouvait absolument pas rivaliser avec celle du monde islamique, surtout dans toutes les régions où il n'y avait pas eu d'influence de la part du monde byzantin.

L'importation concerne principalement deux types d'objets.

D'une part, il y avait le tissage. Pour la plupart, il s'agissait de tissus particulièrement importants, utilisés pour confectionner des robes liturgiques, des linceuls pour les personnages les plus importants, des rideaux et des robes pour les personnes les plus riches de l'époque. Les tapisseries ont également connu un grand succès. Ici aussi, les styles commencent à se mélanger. C'est en effet à cette époque que la soie byzantine (une production dont l'empire était très fier) est influencée par les textiles sassanides et islamiques, à tel point qu'il est difficile de les distinguer. En effet, au fil du temps, les tissus européens, et en particulier italiens, ont progressivement atteint la qualité de leurs homologues orientaux et ont commencé à adopter de plus en plus d'éléments de leurs propres créations.

D'autre part, il y a le monde de la céramique. Là aussi, les céramiques islamiques de meilleure qualité étaient généralement préférées aux céramiques européennes. D'autre part, les céramiques byzantines, bien qu'ayant une valeur artistique indéniable, n'ont jamais été considérées comme étant de grande qualité par le monde islamique, puisque l'argent était utilisé. De nombreux enseignements de l'Islam s'étaient ouvertement prononcés contre la consommation de matériaux précieux. C'est précisément pour cette raison qu'il a développé une série d'alternatives en matière de céramiques précieuses, qui s'inspiraient souvent des enseignements des artisans chinois, déjà célèbres dans le monde entier pour leur porcelaine.

Cependant, pour que le monde islamique produise réellement des objets en porcelaine, il faudra attendre encore quelques siècles : il faudra attendre la période moderne. Pour l'instant, ils se contentent d'utiliser des céramiques, importées de toute l'Europe et surtout d'Espagne. Au fil du temps, ces objets ont également été ouvertement influencés par des thèmes et des traditions occidentaux. Il s'agit principalement d'objets à la décoration strictement ornementale, représentant des scènes de chasse ou de la vie quotidienne. En outre, ils évitent généralement d'ajouter une quelconque inscription, afin de ne pas heurter les sensibilités européennes, qui sont après tout strictement chrétiennes.

Bientôt, ce sont les Occidentaux eux-mêmes qui ont compris et acquis les techniques de ces habiles artisans, si bien qu'au XVe siècle, les Italiens produisaient déjà des céramiques de qualité en utilisant des formes purement issues de la tradition islamique, telles que l'albarello[20] ou le mortier. Les célèbres cruches zoomorphes en métal, appelées "aquamanile", sont également particulièrement remarquables.

Enfin, la calligraphie est également devenue un objet d'importance. L'un des styles calligraphiques les plus élaborés et les plus esthétiques de la tradition arabe était le coufique : or, cette forme d'écriture a rapidement commencé à être imitée en Occident, tant au Moyen-Âge qu'à la Renaissance, au point de produire ce que l'on appelle le "pseudo-coufique". Cette forme purement ornementale a été principalement utilisée dans l'art religieux

---

[20] L'albarello était le récipient utilisé dans les pharmacies pour contenir les épices, les produits à base de plantes ou les principales préparations médicinales.

européen, soit comme support d'écriture proprement dit, soit pour décorer des textiles, des objets liturgiques ou des cadres. Certains tableaux de Giotto témoignent également de cette utilisation.

Art mudéjar

Nous avons déjà mentionné la naissance du style mudéjar en Espagne. Ce style est la conséquence naturelle de la coexistence de populations si différentes dans l'Espagne médiévale et a contribué à la formation de la plupart des courants artistiques ultérieurs dans la péninsule. Il suffit de penser au style plateresque de l'architecture espagnole, un style très orné qui cherchait à imiter le travail de l'argent réalisé par les artisans islamiques en Espagne.

La combinaison de la céramique et du travail du métal est particulièrement intéressante dans ce style. Cette technique était utilisée pour fabriquer des "azulejos", des carreaux de céramique à la surface émaillée et décorée, qui étaient généralement appliqués sur des bâtiments particulièrement somptueux (principalement au Portugal).

C'est ainsi que sont nés les vases, les assiettes, les baquets et surtout les lustres, qui sont devenus des produits typiques de certaines provinces, comme Séville ou Grenade. D'autre part, Tolède comptait également un grand nombre d'artistes originaires de Damas, où la forge des lames d'acier était devenue un véritable art.

Enfin, le mudéjar a également trouvé une application claire dans l'architecture, avec la création de techniques véritablement originales, telles que les arcs en fer à cheval, les arcades aveugles et les clochers en forme de minaret, ainsi que des ornements typiquement islamiques, tels que les arabesques et les plafonds à caissons décorés d'incrustations. Ce type d'esthétique sera ensuite appliqué à de nombreux bâtiments appartenant à des styles très différents, tels que le roman et le gothique, ainsi qu'à la Renaissance, créant un style hybride artistiquement très intéressant, notamment en ce qui concerne l'utilisation de l'arc en fer à cheval, la décoration en stuc ciselé polychrome et l'application d'azulejos.

Architecture islamique en Europe

L'architecture est un autre domaine dans lequel l'influence islamique a certainement été importante.

En ce qui concerne leur présence en Sicile, la culture arabo-normande qui s'est créée a permis d'intégrer des bâtiments purement chrétiens à des éléments purement islamiques : il a probablement été fait appel à des artisans locaux qui ont été transférés et qui ont travaillé selon leurs propres traditions. La chapelle palatine de Palerme en est un exemple : avec son plafond voûté en bois et ses figures dorées, elle reflète de nombreuses techniques utilisées pour créer de la profondeur.

L'un des éléments les plus utilisés en Espagne et en France, directement issu de la tradition islamique, est certainement l'arc diaphragme, qui a été utilisé tout au long du Moyen Âge et au-delà. Il s'agit d'un arc placé transversalement à l'axe longitudinal d'un bâtiment, et surmonté d'un septum de mur allant généralement jusqu'aux chevrons de la toiture. C'est un élément qui a été utilisé pour créer un rythme régulier de séparation de l'espace à l'intérieur d'un bâtiment, tout en étant extrêmement fonctionnel pour soutenir le toit. Plusieurs chercheurs suggèrent également qu'il était utilisé comme une sorte de coupe-feu, afin de prévenir les incendies. Ce type d'arc a été utilisé avec succès dans presque tous les types de bâtiments : églises, réfectoires, dortoirs et infirmeries.

Un autre élément largement utilisé est l'arc pointu, qui trouve son origine dans l'Empire sassanide (bien qu'il existe également des preuves de l'Empire byzantin) et qui est apparu pour la première fois en Syrie. Il s'agit essentiellement d'un arc elliptique courbe avec un sommet pointu au centre de la voûte, dont l'objectif était clair : ce type de structure réduisait considérablement la poussée architecturale et présentait donc des avantages pratiques considérables par rapport aux arcs romans, en particulier lorsqu'il s'agissait de construire de grands bâtiments.

L'arc brisé est devenu l'arc caractéristique de l'architecture islamique par excellence, et a donc été appliqué dans les régions où ce style est arrivé. L'église de Sant'Apollinare in Classe à Ravenne en est un exemple très clair, mais pas seulement. Elle s'est également largement répandue en Sicile grâce à la domination islamique, puis à Amalfi et dans le reste de l'Italie.

Cet arc est devenu par la suite un élément distinctif de l'architecture gothique. D'ailleurs, de nombreux érudits perçoivent également des similitudes entre l'architecture gothique et l'architecture islamique, au point de supposer que l'une a engendré l'autre, et notamment que la structure de la mosquée a donné naissance à une véritable forme d'art, appelée "sarrasine". Ils sont même allés jusqu'à utiliser le terme "gotho-sarrasin", faisant explicitement référence aux habitudes artistiques musulmanes. Il s'agit d'une théorie qui, bien que peu populaire, contient néanmoins une part de vérité : il est en effet inévitable que deux courants artistiques contemporains s'influencent mutuellement de manière importante et visible.

Enfin, une dernière référence doit être faite à un élément central du Moyen Âge : la présence de l'Ordre des Templiers, l'un des ordres religieux chevaleresques chrétiens les plus célèbres qui soient. Lorsque le noyau originel des Templiers a été fondé (1119), la mosquée connue sous le nom de Temple de Salomon leur a été attribuée comme quartier général.

L'objectif des Templiers était de protéger les pèlerins européens qui se rendaient à Jérusalem.

En effet, c'est à partir du modèle du temple de Salomon, très important pour le christianisme, qu'ont été dérivées toutes les églises circulaires typiques que les Templiers ont construites dans toute l'Europe occidentale et qui constituent une véritable tradition à part entière. L'exemple le plus frappant de ce processus est peut-être le Temple Church de Londres.

L'influence de l'Islam à la Renaissance

L'influence de l'Islam sur l'art occidental s'est poursuivie même pendant la Renaissance, période historique sur laquelle nous reviendrons plus loin dans ce livre.

La première forme par laquelle elle s'est manifestée est sans aucun doute l'application de l'écriture pseudo-coufique comme motif décoratif. Il semble que les Occidentaux associent à tort les écritures du Moyen-Orient des 13e et 14e siècles à celles qui prévalaient à l'époque de la naissance et de la vie de Jésus. C'est précisément pour cette raison qu'ils ont utilisé le pseudo-coufique comme s'il s'agissait de l'écriture utilisée par les premiers chrétiens, et donc comme si, en l'utilisant, ils pouvaient se sentir plus proches de la foi primitive.

Tous les spécialistes ne sont cependant pas d'accord avec cette interprétation. Certains supposent que les artistes de la Renaissance savaient parfaitement que ce n'était pas le cas, mais qu'ils ont néanmoins reconnu dans ce type d'écriture une intention conforme à ce qu'ils voulaient. En effet, si le coufique était utilisé dans les pays arabes comme une calligraphie esthétique pour manifester sa foi, il pouvait également remplir la même fonction au sein d'une religion très différente.

À la Renaissance, le commerce et l'imitation de tapis d'origine moyen-orientale, notamment de l'Empire ottoman ou de l'Égypte, se sont également poursuivis. Ces objets précieux n'ont pas seulement été utilisés pour leur fonction première, mais ont également été intégrés à des peintures, en particulier à partir du 13e siècle, et à des peintures religieuses.

Les tapis sont devenus un tel symbole de statut qu'ils font partie intégrante de l'imaginaire chrétien, à tel point qu'ils sont même utilisés pour la décoration des églises, en particulier des églises évangéliques. Ils ont souvent servi de toile de fond à la narration des scènes les plus diverses : des personnages syriens, palestiniens, égyptiens et surtout mamelouks ont été insérés, de manière plutôt anachronique, dans une série de peintures censées décrire des épisodes bibliques.

Enfin, la tradition s'est également maintenue dans la création d'ornements particuliers. Vers la fin du XVe siècle, une ornementation basée exclusivement sur l'arabesque islamique s'est développée à Venise dans le cadre du style occidental. Appelée "moresque" ou "arabesque occidentale", elle s'est largement répandue aux 15e et 16e siècles.

Le mauresque se caractérise par plusieurs branches formant un motif de feuillage entrelacé. Par la suite, de nombreuses variations sont nées de ce motif de départ : les branches, par exemple, qui avaient généralement une forme plutôt linéaire, ont pris la forme de longues bandes ou de ceintures, abandonnant ainsi la référence au monde naturel. Ce motif se caractérise par le fait qu'il est pratiquement impossible d'en identifier le début ou la fin, ce qui le rend particulièrement adapté aux reliures ou aux broderies, et surtout aux bordures, pour lesquelles un motif se refermant sur lui-même est le plus souvent nécessaire.

Ce mauresque a été couramment utilisé dans diverses circonstances, mais principalement dans les arts décoratifs et surtout dans les arts du livre. Pendant des siècles et des siècles, ceux qui ont pris soin des livres de l'époque médiévale et de la Renaissance ont continué à le faire en utilisant de petits motifs mauresques pour décorer les volumes, jusqu'à aujourd'hui : il peut s'agir d'ornements sur la couverture, sur les bords des illustrations ou pour remplir les zones vierges de la page.

Parallèlement se développent les estampes ornementales, généralement composées de parchemins bifurqués, qui sont ensuite achetés comme modèles par des artisans utilisant les techniques les plus diverses. Là encore, le mauresque est bien la représentation qui orne le plus les bords de ces estampes : il est devenu une véritable mode.

Ce type de motif est clairement visible dans de nombreuses peintures religieuses sous la forme de reliures de livres particulièrement importants. Par exemple, dans une œuvre de Mantegna intitulée "Saint Jean-Baptiste et Zénon", des livres manifestement précieux sont représentés avec des motifs d'un style islamique évident. Il ne fait donc aucun doute que l'art islamique a continué à jouer un rôle fondamental dans la production occidentale pendant de nombreux siècles (et continue à le faire aujourd'hui).

CHAPITRE 4

Art gothique

Cela nous amène à l'une des périodes artistiques les plus riches en œuvres encore visibles et appréciables aujourd'hui : l'art gothique.

L'art gothique est apparu vers le milieu du XIIe siècle et a continué à s'épanouir jusqu'au XIVe siècle. Il est né autour de Paris et s'est ensuite répandu dans toute l'Europe, menant finalement à la Renaissance. Il s'agit donc d'un phénomène d'une très grande ampleur, dont les implications et les caractéristiques sont très complexes, puisqu'il a réussi à englober tous les domaines de la production artistique, au point d'apporter des développements remarquables même dans ce que nous avons défini comme les arts mineurs.

Il faut cependant préciser qu'il s'agit d'une période historique extrêmement complexe, qui a eu des conséquences très différentes selon l'état de référence. Si certains États ont vu naître le concept de nation, d'autres sont encore loin derrière, tandis que d'autres encore voient émerger des classes sociales entièrement nouvelles. La montée de la bourgeoisie est sans aucun doute le changement social le plus important de l'époque, et elle a eu des répercussions considérables, tant sur le plan culturel qu'artistique, sur tous les siècles suivants.

Inévitablement, le gothique était aussi inextricablement lié à la foi chrétienne, bien qu'il y ait également eu des œuvres notables de nature séculière et profane. En bref, le mot "gothique" pouvait signifier des choses très différentes et, tout bien considéré, c'est encore le cas aujourd'hui.

Mais avant d'analyser les différentes techniques artistiques, il convient de tenter à nouveau de comprendre un minimum de contexte historique pour pouvoir démêler ce qui est un véritable labyrinthe.

Le contexte historique

La naissance officielle du style remonte à 1140 et s'identifie à la construction d'une œuvre architecturale très spécifique, le chœur de l'abbaye de Saint-Denis à Paris, l'œuvre par excellence d'un style qui a vraiment donné beaucoup d'un point de vue architectural.

Le contexte historique est toujours aussi complexe. Tout d'abord, les musulmans commencent à quitter l'Europe, ce qui permet aux traditions et aux cultures locales d'émerger de manière plus indépendante, sans influence extérieure pour les conditionner. D'autre part, le commerce avec l'Extrême-Orient est devenu de plus en plus important, et les contacts entre les cultures se sont donc multipliés.

En même temps, comme nous l'avons déjà mentionné, la situation en France et en Angleterre (mais aussi en Espagne et en Hollande) est en pleine effervescence, car pour la première fois dans l'histoire, nous avons de vraies nations et des monarchies qui les gouvernent. Cela signifie que chacun de ces pays, en plus d'avoir sa propre monarchie et sa propre capitale, avec sa propre armée et sa propre structure juridique (éléments fondamentaux pour le cadre culturel), a commencé à avoir une langue spécifique et des traditions distinctes.

Et même en Italie, l'autre grand centre de culture et d'art (mais aussi de pouvoir), la situation n'est certainement pas plus facile, et cela est certainement dû au fait qu'elle est extrêmement fragmentée. Dans le nord, nous assistons à la naissance des communes, avec tout ce que cela implique. La lutte pour le pouvoir entre les différentes villes est constante, et les grandes familles seigneuriales commencent à émerger, qui comptent de plus en plus sur leur rôle de mécène pour maintenir le prestige et le contrôle qui leur sont confiés.

Au centre, en revanche, l'Église et l'empire se livrent à une lutte incessante pour la suprématie sur la région. Le conflit se termine par le pouvoir définitif de la papauté sur l'Italie centrale, tandis que le sud est partagé : le royaume de Naples revient aux Anjou de France et le royaume de Sicile aux Aragonais d'Espagne.

Mais ce n'est certainement pas le seul problème auquel l'Église est confrontée à cette époque. En effet, de nombreux mouvements avaient vu le jour, appelant à un renouveau spirituel, ainsi que plusieurs ordres qui allaient devenir très importants : les ordres mendiants, les dominicains et les franciscains. Tout cela a provoqué une crise de l'autorité de l'Église au cours du XIVe siècle : en effet, en 1309, le siège papal a été transféré de Rome à Avignon.

À la suite de ce changement historique, les territoires appartenant à l'Église ont commencé à acquérir de plus en plus d'autonomie. Ainsi, même dans ces régions, de petites seigneuries virent le jour, dans lesquelles le pouvoir était entre les mains et sous le contrôle de marchands, de négociants et de banquiers : telles étaient les nouvelles professions qui permettaient de faire partie de la bourgeoisie, une classe destinée à devenir de plus en plus prédominante dans un monde qui, en quelques centaines d'années seulement, avait connu une accélération remarquable vers l'avenir.

Bien entendu, la conséquence la plus immédiate de cette période agitée n'est autre qu'un important développement culturel et artistique, favorisé par la présence de nombreux individus capables de commander des œuvres importantes et de devenir ainsi des mécènes à part entière. En effet, ce n'est plus seulement l'empereur ou la papauté qui peuvent se permettre d'avoir des artistes prestigieux à leur solde : c'est enfin le tour des monarques, des seigneurs, des marchands et des nobles fortunés, de plus en plus nombreux.

Et c'est précisément pour cette raison qu'à l'époque gothique, l'art n'a plus seulement une fonction religieuse, mais aussi et surtout une fonction civile. En effet, c'est précisément à travers les œuvres artistiques que les mécènes peuvent obtenir un symbole de prestige inégalé, non plus un symbole de pouvoir nobiliaire, mais aussi de pouvoir économique.

En outre, la période gothique est caractérisée par trois figures contemporaines qui changeront à jamais le visage culturel de l'Europe.

Le premier est Frédéric II de Souabe, roi de Sicile, mais surtout empereur du Saint Empire romain germanique. Il s'agit certainement d'un souverain éclairé, cultivé et sensible à l'art. Il est le premier à fonder une université, anticipant considérablement sur ceux qui seront les seigneurs de la Renaissance, ainsi que l'"école sicilienne", une école poétique qui raffinera la langue vernaculaire sicilienne avec le provençal, jetant les bases expressives et thématiques qui seront reprises plus tard par l'école toscane, et qui inventera également une métrique entièrement nouvelle, le sonnet[21].

---

[21] Le sonnet est une composition poétique composée de quatorze vers endécasyllabiques, divisés en deux quatrains à rimes alternées ou croisées et deux tercets à rimes variables.

Ce type d'attitude à l'égard de la culture était jusqu'alors exclusivement propre au clergé. Le fait que l'empereur choisisse de suivre cette ligne est symptomatique d'une grande nouveauté : la connaissance peut aussi être laïque, et n'est plus l'apanage d'une foi, comme c'était le cas jusqu'alors.

Le deuxième personnage clé est saint François, qui a certainement exercé une grande influence sur ses contemporains, au point d'être sanctifié de son vivant. Son apport a influencé l'art à travers les deux concepts fondamentaux de sa philosophie de vie : l'exaltation des pauvres et des derniers par la charité et la récupération de la confiance dans la nature.

Le premier concept faisait clairement référence à une réflexion théologique très importante à cette époque de l'histoire. En effet, on avait clairement l'impression que l'Église, compte tenu de sa lutte avec l'empereur pour le contrôle de l'Italie, était en réalité plus intéressée par le pouvoir temporel que par le pouvoir spirituel. Saint François, quant à lui, lançait clairement une invitation au clergé : il devait revenir à sa mission principale. Ce faisant, il a profondément influencé les artistes, qui ont commencé à inclure les pauvres et les plus petits dans leurs œuvres.

En même temps, le contact avec la nature comme moyen de se rapprocher de Dieu conduit aussi à une réconciliation de l'homme avec la création. Cette transition sera également largement représentée par l'art de l'époque.

Enfin, la dernière figure historique fondamentale pour l'art gothique est Saint Thomas d'Aquin. Saint Thomas a en effet jeté les bases de la philosophie occidentale et a tenté de renouer le lien entre la culture chrétienne et la culture préchrétienne en récupérant d'importants penseurs antiques, tels que Platon, Aristote et Socrate. Selon lui, de nombreuses valeurs fondamentales pour les Grecs de l'Antiquité pourraient et devraient également être reprises par le monde contemporain, bien que réinterprétées selon une clé chrétienne. Le discours de l'homme en devenir, typique de la pensée grecque, devient ici le cheminement de l'homme vers Dieu, et la valeur de l'harmonie et de l'équilibre comme but de toute chose renvoie à l'idéal (partagé par saint François) de la réconciliation de l'homme avec tout ce qui l'entoure.

Ainsi, ces trois figures historiques résument les principes de base de la période gothique, les éléments qui la caractérisent et influencent sa culture et son art. En effet, Frédéric II de Souabe représente le pouvoir séculier, Saint François la culture monastique et populaire et Saint Thomas d'Aquin rappelle plutôt l'église théologique et institutionnelle et donc aussi les classes bourgeoises.

Maintenant que nous connaissons le contexte historique dans lequel nous évoluons, nous pouvons passer à l'analyse des différentes formes d'art, en suivant un chemin qui nous mènera à celle qui s'est épanouie par excellence au cours de cette période : l'architecture.

Sculpture gothique

La sculpture gothique est généralement placée dans une période historique précise : il s'agit de la période allant du 12e au 14e siècle.

Il est certain qu'une grande partie de la sculpture gothique s'est inspirée de ce qui l'a précédée, à savoir l'époque romane, dont on retrouve encore de nombreux éléments tels que la plasticité, le sens du volume, la monumentalité et la représentation de la figure humaine qui, comme nous l'avons vu, faisaient totalement défaut dans les formes d'art antérieures. Conformément à ces caractéristiques, la sculpture gothique évolue principalement vers un plus grand naturalisme, une reprise des modèles classiques et un goût particulier pour tous les jeux de lumière et de lignes.

Mais beaucoup de choses ont également été renouvelées et modifiées à la lumière du nouveau sentiment artistique et culturel. Après de nombreux siècles, une représentation de la figure humaine réaliste et comportant des éléments esthétiques a finalement été réalisée. En revanche, le rôle de la sculpture n'a pas beaucoup changé par rapport à la période précédente : elle n'est restée, même à ce stade, qu'un simple ornement des œuvres architecturales. En bref, même à cette époque, l'idée d'une sculpture qui soit une œuvre d'art indépendante semblait inconcevable.

Cependant, malgré cette limitation fondamentale qui persistera encore quelques années, la sculpture connaît également des progrès considérables : par exemple, on accorde beaucoup plus d'importance à la manière dont les sculptures sont disposées à l'intérieur des bâtiments. Le lieu par excellence des épisodes les plus importants représentés par la sculpture, à savoir ceux impliquant des personnages de l'Ancien et du Nouveau Testament, était bien sûr les portails des cathédrales, comme cela avait été le cas à l'époque romane.

Cependant, contrairement aux œuvres antérieures, les sculptures ne font plus partie intégrante de l'élément architectural pris dans son ensemble (comme c'était souvent le cas, par exemple, pour les jambages de portail ou les chapiteaux), mais sont simplement placées à côté des différents éléments de soutien. Il s'agit certainement d'une étape fondamentale dans l'histoire de la sculpture, car c'est grâce à ce choix novateur que les premières statues, qui deviendront plus tard des œuvres d'art autonomes (même si elles n'étaient pas pensées et appréciées comme telles à l'époque), ont commencé à apparaître officiellement.

Il est difficile pour les spécialistes de déterminer à quoi est due cette réticence à l'égard de la sculpture en tant que telle. Certains pensent qu'il pourrait s'agir d'un héritage de la lutte des premiers chrétiens contre le paganisme : après tout, les premiers Grecs et Romains vénéraient les divinités de la mythologie traditionnelle précisément en construisant des statues. Quelle qu'en soit la raison, ce n'est qu'à la Renaissance que les statues sont devenues plus que de simples ornements placés dans des niches ou sous des linteaux sous la forme de cariatides[22] et de télamons[23].

D'un point de vue stylistique, en revanche, les innovations de la sculpture gothique par rapport aux périodes antérieures sont nettement moins novatrices, même si elles ont certainement eu une grande influence sur les courants ultérieurs. La figure s'élève considérablement en longueur, et les technologies les plus modernes permettent certainement de créer des jeux virtuoses qui n'auraient pas été possibles auparavant : pensez, par exemple, aux draperies beaucoup plus réalistes réalisées à cette époque.

Dans le même temps, on assiste à un retour à la recherche de représentations plus réalistes des mouvements du corps. Ainsi, la tentative d'étudier l'anatomie humaine de manière toujours plus approfondie et détaillée se répand parmi les artistes, tant en ce qui concerne la physionomie du visage et du corps que la diversité des expressions faciales, qui avaient été pratiquement ignorées par l'art antérieur. Ce résultat est particulièrement important, car il précède

---

[22] La cariatide est une sculpture utilisée comme colonne représentant une figure féminine. Il s'agit d'une œuvre très répandue dans le monde antique qui est restée une constante dans l'architecture (bien qu'avec des objectifs et des utilisations différents) jusqu'au XVIIIe siècle.

[23] Le télamon est une sculpture représentant une figure masculine (et donc l'équivalent d'une cariatide). Il était utilisé comme support structurel ou comme décoration, remplaçant souvent la colonne. L'origine de cet élément est moins ancienne que celle de la cariatide, mais il a perduré dans l'art jusqu'à l'époque baroque, c'est-à-dire jusqu'au début du XVIIe siècle.

de plusieurs décennies ce qui se produira dans le domaine de la peinture dans les courants ultérieurs.

Si ces traits restent communs à la sculpture de toute la période gothique, le courant a certainement pris des tournures différentes selon le pays dans lequel il s'est développé : rappelons que la création des États et des nations au sens plus moderne du terme a également provoqué une séparation dans le développement de l'art en tant que tel.

En France, pays qui a donné naissance au style gothique, du point de vue de la sculpture, ce courant a atteint son apogée entre 1150 et 1250, pour changer très vite : il a immédiatement cherché à répondre davantage aux goûts de l'aristocratie, avec des représentations plus linéaires et abstraites. En Italie, en revanche, d'importantes écoles de sculpture ont vu le jour en Émilie, dans les Pouilles et surtout en Toscane à partir de la seconde moitié du XIIIe siècle. Cette dernière région, en particulier, s'est révélée extraordinairement prolifique, ce qui a jeté les bases du grand développement artistique qui allait suivre.

Au-delà de ces différences mineures, nous pouvons conclure que même la sculpture de l'époque ne fait que répondre à des tendances culturelles et philosophiques qui dépendent du contexte lui-même. L'harmonie et le naturel des formes, qui conservent également les significations allégoriques et symboliques présentes dans les époques précédentes, rappellent les théories que nous venons d'évoquer en détail.

Même l'humanisation des personnages (bien que toujours intégrés dans des histoires à caractère sacré) et la recherche d'une expressivité et donc d'une âme sont autant de traits qui renvoient à une conception générale qui veut réconcilier le monde physique avec le divin, l'homme avec la divinité. L'art devient alors la réponse à ces questions auxquelles l'Église semble temporairement incapable de répondre, plus attachée à la conquête du pouvoir sur terre qu'à la manifestation de la puissance divine. La noblesse des personnages dépeints, même lorsqu'il s'agit d'humbles et de petits, permet de trouver une rédemption aux conditions insatisfaisantes de la vie, le tout étayé par une croyance fondamentale en la capacité de l'homme à trouver un sens à la réalité et à agir en conséquence.

En effet, il n'est pas rare de trouver, outre des épisodes de la Bible, diverses représentations d'éléments plus terrestres (mois et saisons, métiers tels que l'agriculture et l'artisanat) mais aussi d'autres choses, comme les signes du zodiaque. Tous ces éléments, cependant, doivent toujours être lus dans une clé allégorique, dans un discours plus large sur les vices et les vertus. Très souvent, même, ces éléments abstraits sont personnifiés et représentés comme de véritables personnages, dont les traits caractéristiques se répètent dans différentes œuvres et les rendent reconnaissables par tous : nous trouvons ainsi les vertus cardinales[24] et théologiques[25], mais aussi les arts libéraux[26], etc.

Un autre volet représentatif de grande valeur est celui des figures fantastiques, qui doivent également être interprétées dans une clé allégorique. Beaucoup de ces créatures sont issues de la mythologie grecque et romaine, mais il existe aussi divers

---

[24] Les vertus cardinales, dans la religion chrétienne, sont les vertus morales qui constituent les piliers d'une vie consacrée au bien. Il s'agit donc de vertus expressément personnelles : la sagesse, la justice, la force morale et la tempérance.

[25] Les vertus théologales, dans la doctrine chrétienne, sont les vertus expressément liées à la relation avec Dieu. Elles sont donc : la foi, l'espérance et la charité.

[26] L'expression "arts libéraux" désigne une grande partie des études au Moyen-Âge : il s'agit donc de toutes les disciplines académiques ou professionnelles qui étaient cultivées par des personnes libres, par opposition au servage. Ces arts étaient divisés en Trivium et Quadrivium. Le Trivium regroupait les arts humanistes : la grammaire, la rhétorique et la dialectique. Le Quadrivium, quant à lui, regroupait les arts scientifiques : arithmétique, géométrie, astronomie et musique.

bestiaires d'inspiration occidentale ou orientale (ou des peuples barbares du Nord). La plupart de ces représentations impliquent la formation de divers personnages par la fusion de têtes et de membres humains et animaux : là encore, il s'agit soit d'une réinterprétation de mythes préexistants, soit de l'application libre de motifs issus de l'art islamique, indien et chinois.

Peinture gothique

Il en va tout autrement de la peinture, qui a évolué environ trois ou quatre décennies plus tard que les autres arts. Ce n'est que dans la seconde moitié du XIIIe siècle que de réels progrès ont été réalisés grâce aux efforts de l'école italienne (en particulier l'école toscane, et plus tard aussi l'école romaine). C'est en effet à cette époque qu'émerge la figure de Giotto.

Les raisons de ce retard ne sont pas certaines. Plusieurs spécialistes estiment qu'elles sont probablement liées aux différences de modèles entre la peinture et la sculpture. En effet, si la sculpture avait déjà été renouvelée à l'époque romane, notamment par la redécouverte des œuvres du classicisme encore existantes, il n'en allait pas de même pour la peinture, pour laquelle le principal modèle auquel se référer était l'école byzantine. De plus, suite à la quatrième croisade de 1204 et au grand succès qu'elle a apporté à la chrétienté, ce type de travail s'est encore plus répandu, laissant peu de place à la diversification.

En raison de ces difficultés, ce n'est que dans la seconde moitié du XIIIe siècle que la distance entre la capacité narrative et expressive de la sculpture et celle de la peinture devient de plus en plus évidente. Les peintres commencent à se rendre compte que la sculpture a connu des innovations dont ils sont totalement dépourvus.

Heureusement, en l'espace de deux générations, ils ont réussi à rattraper leur retard en renouvelant complètement leur langage pictural, au point de retrouver la spatialité et la capacité narrative qui semblaient avoir été perdues, créant ainsi des figures et des décors, tant architecturaux que paysagers, parfaitement crédibles et vraisemblables. De plus, les nouvelles techniques et les nouveaux outils utilisés ont l'avantage de rendre la pratique de la peinture beaucoup plus économique, et donc, dans le même temps, le nombre de mécènes augmente, donnant l'occasion d'explorer pleinement ce nouveau courant.

Même dans cette nouvelle phase, bien sûr, des éléments des périodes précédentes ont été conservés, en particulier la tradition des panneaux peints : les ordres mendiants ont continué à être d'importants mécènes en raison de leur aspect pratique et de leur facilité à être transportés. Dans le cadre de cette tradition, les sujets sont plus ou moins constants. Nous avons été confrontés à des crucifix qui étaient suspendus dans les allées des églises pour influencer les fidèles par l'émotion, à des madones avec des enfants, symbolisant l'église, et à diverses représentations de saints, parmi lesquelles de nombreux portraits de saint François d'Assise.

C'est à Assise qu'arrive une autre figure emblématique de l'époque, Giotto. De nombreuses fresques ont été attribuées à cet artiste (aujourd'hui important), et son école a certainement été novatrice pour l'ensemble de l'art italien de l'époque. Cependant, certains spécialistes ne sont pas d'accord sur le rôle révolutionnaire de ces fresques, arguant que, de toute façon, la peinture avait déjà évolué de manière similaire dans le contexte byzantin. Il n'en reste pas moins que l'école d'Assise, avec celle de Sienne, comptait parmi les plus importantes de l'époque.

Architecture gothique

L'architecture est certainement la forme d'art la plus en vogue de la période gothique, elle est très facilement reconnaissable et diffère à bien des égards de toutes celles qui l'ont précédée. Nous avons vu que le style gothique remonte à 1140, précisément grâce à la construction d'une œuvre architecturale, le chœur de l'abbaye de Saint-Denis, de sorte que notre analyse de l'architecture de l'époque doit nécessairement partir de ce moment.

En effet, c'est en 1140 que l'abbé Suger décide de reconstruire le chœur de l'abbaye bénédictine qui abrite les reliques de saint Denys, qui est même le saint patron de Paris : il avait été le premier évêque de Gaule, donc le premier à christianiser la France, et c'est à cela qu'il doit son rôle très important.

En particulier, Denys avait écrit un traité inspiré du néo-platonisme dans lequel il parlait de la lumière en relation avec les anges. En substance, dans la théorie exposée dans ce traité, il soutenait que la lumière n'était rien d'autre qu'une émanation de la divinité, et qu'elle était donc le moyen par lequel les êtres humains strictement terrestres pouvaient faire l'expérience sensible de la réalité surnaturelle.

L'abbé Suger envisageait depuis longtemps déjà de reconstruire l'abbaye en l'honneur de saint Denys. En effet, les restes de plusieurs rois capétiens y ont été enterrés, ce qui lui a conféré un rôle très important pour les souverains actuels. L'abbé donne ainsi le coup de pouce nécessaire à la reconstruction et se consacre notamment à la réfection du chœur, formé d'une série de chapelles disposées en auréole.

L'élément principal, cependant, aurait été les fenêtres. Chaque mur était percé de grandes fenêtres, comme on n'en avait jamais vu dans une église ou ailleurs, afin de laisser entrer le plus de lumière possible dans l'édifice. Pour le souligner, toutes les ouvertures auraient été recouvertes de vitraux, ce qui aurait rendu l'atmosphère intérieure presque surnaturelle, réussissant à donner forme à ce que saint Denys avait écrit dans son traité. Les fidèles auraient vraiment pu percevoir physiquement la divinité.

Naturellement, un tel ouvrage était inédit et a nécessité des innovations technologiques considérables. L'innovation la plus originale a certainement été la disparition des murs épais qui étaient une caractéristique typique des édifices romans. En effet, le poids de l'édifice n'est plus supporté par les murs, mais par des piliers, placés aussi bien à l'intérieur de la structure que le long de son périmètre. Mais les piliers seuls ne suffisaient pas : d'autres structures secondaires, telles que les arcs rampants et les contreforts, ont été ajoutées. En fait, un système élaboré de contreforts partait des piliers individuels groupés et était bien plus complexe que celui des structures romanes : il y avait des éléments structurels de toutes sortes, des arcs rampants aux pinacles, des piliers extérieurs aux contreforts.

Grâce à l'étude habile de ces nouveaux moyens, il a été possible de libérer complètement le mur des charges qu'il devait supporter jusqu'alors, ce qui a permis de l'amincir et de construire des fenêtres suffisamment grandes pour maintenir des vitrages complexes, eux-mêmes soutenus par des éléments porteurs.

Et l'habileté des architectes ne s'est pas limitée à cela. Non seulement ces nouveaux édifices pouvaient offrir des vitraux extraordinaires, mais ils pouvaient aussi atteindre des hauteurs beaucoup plus importantes, précisément parce que les murs étaient plus minces, jusqu'aux limites de la statique. Il suffit de penser à la cathédrale de Beauvais, la plus haute jamais construite, qui a même atteint une hauteur de 48,5 mètres.

La nouveauté absolue que cet aspect représentait pour l'architecture de l'époque a été un grand succès. En effet, les éléments nécessaires à la réalisation de ce type de bâtiment sont aussi ceux qui caractérisent l'architecture gothique en général.

Tout d'abord, l'élément le plus important est certainement l'arc brisé. Ce type d'élément architectural était déjà bien établi en Orient et était également largement utilisé par les anciens Romains. La fonctionnalité de cet arc réside dans le fait que, contrairement à l'arc en plein cintre typique des églises romanes, le poids est déchargé sur les piliers. En conséquence, la poussée latérale était nettement plus faible.

De plus, ce type d'arc présente toute une série d'avantages qui sont largement exploités dans l'architecture gothique et qui permettent d'obtenir d'excellents résultats d'un point de vue pratique et esthétique. La clé de ce succès réside essentiellement dans le fait que l'arc brisé présente un schéma géométrique très particulier : il n'est rien d'autre que le résultat de deux arcs de cercle de même rayon. Ainsi, en utilisant la même courbure, il est possible de créer des arcs de différentes largeurs et hauteurs, ce qui simplifie et accélère (et rend plus rentable) l'ensemble du processus de construction, ce qui est d'autant plus important si la structure à créer est située à des hauteurs considérables, avec toutes les difficultés que cela peut entraîner.

De plus, tout en conservant une courbure constante, on peut avoir plus de liberté au niveau des bases et des clés de voûte, qui peuvent ainsi avoir des largeurs différentes et s'adapter ainsi aux plantes les plus variées. Par essence, ce type d'arc peut potentiellement être utilisé sur tout type de bâtiment, quelle que soit sa forme et quelle que soit sa structure : un avantage non négligeable.

Enfin, l'arc brisé est réalisé par la figure de l'ellipse, ce qui permet d'obtenir plus facilement des arcs d'intersection, par exemple entre des voûtes accidentelles, des moulures. En substance, elle permet l'utilisation de voûtes particulièrement innovantes comme alternative à la voûte carrée traditionnelle, telle que la voûte cgivale à croisée d'ogives. Il s'agit d'une transition remarquable par rapport à l'architecture romane, tant sur le plan technique qu'esthétique.

En effet, la deuxième caractéristique fondamentale de l'architecture gothique est précisément la voûte d'arêtes ogivale. La voûte d'arêtes est un type de couverture formé par l'intersection longitudinale de deux voûtes en berceau, le type le plus simple de couverture non plane, ressemblant à la moitié latérale d'un tonneau. La voûte en croix ogivale est constituée exactement de la même intersection, à condition que la voûte en berceau suive la forme d'un arc brisé. Ce type de voûte est extrêmement utile, car il permet également de créer des travées rectangulaires ou polygonales au lieu des travées carrées plus traditionnelles, en utilisant également des nervures et des côtes.

Un autre élément central de l'architecture gothique que nous avons déjà mentionné est l'arc-boutant. Il s'agit d'un élément architectural qui représente une évolution de l'arc-boutant, un support solide de section quadrangulaire placé à certains endroits de la maçonnerie en guise de renforcement et de contre-poussée, de sorte que les poussées latérales sont redirigées vers le sol et vers l'extérieur. Pcur ce faire, les arcs rampants sont placés à différents niveaux sur chaque pilier, pour finir par ressembler à la moitié d'un arc brisé.

Enfin, le dernier élément fondamental sont les pinacles. Ils sont placés en des points particuliers, à savoir ceux sur lesquels les arcs déchargent leur poids. Il s'agit donc d'un élément fondamental pour la stabilité de l'édifice, puisque, par l'ajout de poids, il parvient à rendre verticale la poussée oblique provenant des arcs. De plus, ce sont des éléments qui ont une valeur esthétique évidente, à tel point qu'ils ne conserveront ce caractère ornemental qu'au fil des années.

Les grandes fenêtres

Nous avons déjà beaucoup parlé de l'importance de la peinture dans le développement du gothique, mais elle a également été rapidement influencée par les systèmes de construction gothiques. En effet, les nouvelles grandes fenêtres typiques de ce style architectural ont conduit à la nécessité de trouver des formes de décoration alternatives aux fresques murales. De ce fait, les techniques correspondantes, ainsi que celles de la mosaïque, connaissent un lent déclin et sont de plus en plus marginalisées.

D'autre part, une toute nouvelle voie, celle de la peinture sur verre, a commencé à émerger et à évoluer de manière très intéressante. Il s'agissait certainement d'une technique très intrigante, notamment parce que, étant totalement indépendante de tout élément structurel, elle laissait les artistes totalement libres de choisir ce qu'ils voulaient peindre et comment ils voulaient le faire. A la base, il s'agissait simplement de la fabrication de vitraux appliqués aux fenêtres et aux rosaces selon une disposition particulière, et malgré cette apparente simplicité, il est rapidement devenu un élément fondamental de l'art gothique.

Bien sûr, même à ce stade, il y a des difficultés. Avec les seules techniques de l'époque, il n'était pas possible d'utiliser de grandes feuilles, de sorte que chaque fenêtre devait être composée de plusieurs pièces qui étaient ensuite assemblées. C'est précisément ce qui a conduit les artistes à choisir d'utiliser des vitres multicolores reliées entre elles par des cadres en lattes de plomb. Une fois le dessin préparatoire réalisé, qui sera suivi à la lettre, chaque pièce de verre est découpée à l'aide de pointes métalliques chauffées au rouge. Les différentes pièces ont ensuite été insérées dans les parties opposées de la bande de plomb, qui a ensuite été soudée à la suivante. Elle pouvait ensuite être insérée dans le "cadre" final, un cadre en fer qui était ensuite muré. Des centaines de cathédrales dans toute l'Europe montrent comment cette technique permet de créer des effets de lumière et de couleur vraiment étonnants.

Un thème central à cet égard était le choix de la couleur, qui pouvait faire toute la différence entre une œuvre de valeur et une œuvre qui s'abîmerait en un rien de temps. Il fallait des couleurs qui puissent rester directement sur le verre, ce qui n'allait pas de soi à l'époque. La substance qui semble la meilleure est la grisaille, un mélange de poudre de verre, d'oxydes ferreux, d'eau et de colles animales. Il suffit alors d'étaler la compote sur le verre pour obtenir une couleur opaque, que l'on gratte ensuite en surface avec du bois pour retrouver la transparence du verre. Enfin, on passait le tout au four, et le verre se colorait pour toujours.

Les thèmes représentés dans les vitraux sont, dans l'ensemble, très proches de ceux de la sculpture et de la peinture, puisqu'ils répondent à la situation historique, sociale et économique de référence. C'est pourquoi les récits sacrés sont de plus en plus actualisés, précisément pour retrouver une proximité avec le monde vécu par les fidèles : les personnages des écritures sacrées commencent à être habillés de vêtements contemporains et les lieux représentés sont ceux qui entourent réellement la cathédrale de référence.

Cela dit, le symbolisme religieux reste le sujet principal, d'autant plus que les vitraux étaient (au moins à l'origine) réservés aux cathédrales et permettaient à la lumière, symbole de Dieu, d'y pénétrer. La représentation la plus fréquente est naturellement celle de la trinité. Viennent ensuite les quatre évangélistes ou des constructions qui rappellent le chiffre sept, comme les sacrements, les dons de l'Esprit Saint ou les jours de la création tels qu'ils sont racontés dans la Genèse.

Il faut toutefois préciser que, contrairement à la tendance européenne, les mosaïques et les fresques continuent d'être largement utilisées en Italie.

Le sens divin de l'architecture gothique

En définitive, comme on le comprend bien à la lecture de cette liste de caractéristiques architecturales et autres, la véritable force de l'architecture gothique (mais aussi de l'art gothique plus généralement) qui l'a rendue si célèbre pendant des siècles et des siècles, c'est le fait que chaque élément esthétique, chaque idéal théorique, trouve son application pratique grâce aux innovations technologiques. Même le simple besoin d'environnements plus lumineux, qui pourraient soutenir les principes de la foi, est devenu réalité grâce à l'utilisation de principes de construction totalement révolutionnaires.

Ce n'est que grâce à cet effort architectural que des réalisations ont pu être faites à cette époque, réalisations qui n'étaient même pas imaginables quelques années auparavant, au point même de faire perdre son importance au mur, l'élément qui paraissait le plus indispensable. Ce merveilleux type de construction architecturale, entièrement nouveau et extraordinairement réalisable, allait devenir une véritable pierre angulaire de l'architecture, au point de traverser tous les siècles jusqu'au XIXe siècle, de sorte que même les artistes les plus contemporains, qui travaillaient avec des matériaux et des techniques très différents, ont continué à s'inspirer de ce courant.

De la même manière, on peut dire que l'esthétique gothique trouve son fondement dans les mathématiques et la géométrie, et l'un des concepts fondamentaux est celui de l'ordre. Tout édifice, surtout s'il s'agit d'un lieu sacré comme une cathédrale (l'édifice par excellence de l'art gothique), doit respecter des proportions qui ne sont ni aléatoires, ni déterminées par une esthétique superficielle et terrestre. L'art de cette époque était une véritable science théorique, cherchant à reproduire dans la réalité à la portée de l'homme les mêmes règles que celles qui permettent au cosmos de suivre son chemin. En bref, les artistes cherchaient à travers leurs œuvres à reproduire le divin.

Ce type d'idéal artistique se retrouve dans toutes les formes d'art, comme la musique, dont les règles consistent à essayer de recréer les harmonies célestes. D'autre part, les premiers édifices gothiques suivaient précisément des rapports numériques analogues aux intervalles entre les notes. Cet équilibre entre l'homme et le cosmos (comme le professent saint François et saint Thomas d'Aquin) est bien sûr régi par l'intention divine, qui a d'abord établi la nature divine de certaines proportions : la structure du Temple mythologique de Salomon, qui, comme le disent les Écritures, avait des proportions numériques parfaites, en est la preuve. Et ce n'est pas un hasard si c'est précisément à cette époque que l'on commence à parler de Dieu comme de l'"architecte de l'univers".

En bref, l'architecture, tout comme la musique, devait être basée sur l'harmonie et la consonance des parties, et a été développée sur la base de la manifestation de figures géométriques parfaites. De même que Dieu a donné forme à l'univers, l'artiste peut donner forme aux bâtiments en suivant les mêmes règles parfaites : l'architecture est ainsi considérée comme un moyen concret de communiquer avec Dieu et de se sentir plus proche de lui.

L'architecture prend donc ici en Occident le même terrain que les icônes en Orient : elle permet de dépasser l'image figée de l'art pictural et de saisir ainsi l'essence divine de toute chose par l'intermédiaire de l'intellect, l'instrument par excellence que Dieu a donné à l'homme. Cela explique aussi qu'il y ait eu en Occident une certaine aversion pour les images sacrées, bien qu'elle n'ait jamais atteint les niveaux extrêmes de l'iconoclasme pur et simple. Pourtant, certains ordres, comme les cisterciens, sont allés jusqu'à interdire toute forme d'art figuratif dans les églises, laissant l'architecture véhiculer tout le sens et ouvrir les yeux des fidèles.

En supposant que toutes les caractéristiques fondamentales que nous avons énumérées jusqu'à présent restent constantes, l'architecture gothique est généralement divisée en cinq phases de base.

La première phase est celle du proto-gothique, qui se situe entre la première moitié du XIIe siècle et le début du XIIIe siècle. Il s'agit d'une architecture purement transitoire, qui se situe entre le roman et le gothique et ouvre la voie à ce qui sera le mouvement ultérieur. Nous avons ensuite le gothique classique, qui correspond généralement à la première moitié du XIIIe siècle et trouve sa plus haute expression dans la cathédrale Notre-Dame de Paris. Il s'agit d'un pas supplémentaire vers la réalisation des idéaux que nous avons décrits jusqu'à présent.

Viennent ensuite deux phases qui sont en fait des phases de transition et qui développent ce qui a été conçu jusqu'à cette époque. Il y a d'abord le gothique français, qui se caractérise précisément par l'étude approfondie menée dans ce pays, puis le gothique dit "rayonnant", qui s'étend grosso modo du milieu du XIIIe siècle au milieu du XIVe siècle. Cette période, en particulier, se caractérise par la volonté de rendre les bâtiments de plus en plus grands, tant à l'intérieur qu'à l'extérieur, tout en augmentant le nombre et la taille des vitrages. Une grande rosace a notamment été ajoutée, ainsi qu'un puits de lumière, afin de laisser entrer encore plus de lumière. Enfin, les décorations se sont multipliées, tant à l'intérieur qu'en façade, rendant les bâtiments encore plus riches et plus beaux.

Mais c'est certainement la dernière phase, le gothique tardif, qui donne le plus de satisfaction aux historiens de l'art.

Le gothique tardif

Cette dernière période s'étend de 1370 à une grande partie du XVe siècle (mais dans certaines régions jusqu'au siècle suivant) et constitue certainement l'un des moments fondamentaux dans la construction du langage figuratif du XVe siècle, au même titre que la Renaissance et l'art flamand. Cependant, il faut préciser que nous n'aurions guère eu ce courant artistique sans l'apport important des cours de la Renaissance, qui ont contribué à sa diffusion dans toute l'Europe. À toutes fins utiles, le gothique tardif est resté la forme d'art prédominante pendant toute la première moitié du XVe siècle, jusqu'à ce que la Renaissance parvienne enfin à s'imposer à Florence à partir de la seconde moitié du siècle.

Dans cette phase, les arts figuratifs ont cessé, dans un certain sens, de refléter les phénomènes historiques ou sociaux de l'époque. Au contraire, ils ont commencé à jouer un rôle "compensatoire" : à travers la fantaisie et la construction d'un mode parfait et aristocratique, les gens ont essayé de changer leur perception de la réalité contemporaine, ce qui a créé beaucoup d'insatisfaction.

On peut donc dire qu'à partir de la fin du XIVe siècle, le gothique a commencé à se développer dans une direction complètement nouvelle par rapport à celle qu'il avait suivie au cours des deux siècles précédents, et ce principalement en raison d'un changement dans le contexte historique européen. En fait, il faut comprendre qu'entre la fin du XIVe siècle et les premières décennies du XVe siècle, la société s'est encore plus diversifiée en raison d'une réalité économique de plus en plus perturbée et difficile. Cette évolution s'est accompagnée d'un déclin de ce qui constituait jusqu'alors les puissances médiévales par excellence : la papauté et l'empire. Par conséquent, toutes les classes sociales qui entouraient directement ces grandes figures politiques, comme les chevaliers et les seigneurs féodaux, ont également commencé à perdre progressivement de l'importance.

Tout cela ne pouvait aboutir qu'à une seule chose : la révolte. Et c'est précisément à cette époque que se multiplient les révoltes de paysans et d'ouvriers[27], toutes réprimées dans le sang, sans exception. Dans le même temps, ce mécontentement latent a également constitué la base de l'émergence rapide de la bourgeoisie, qui offrait une garantie de reprise économique, contrairement aux classes dirigeantes.

Sur le plan philosophique et culturel, l'Europe commençait également à prendre une tournure très différente. De nouveaux courants et de nouveaux penseurs créent une nouvelle attitude à l'égard de la réalité et de la connaissance, qui considère l'homme comme le protagoniste de sa vie et de sa relation avec Dieu, sans avoir besoin d'aucun intermédiaire (c'est-à-dire sans avoir besoin de l'Église).

---

[27] La révolte des Ciompi à Florence par les travailleurs de la laine, celle des "lollardi", un groupe religieux belge répandu principalement en Angleterre qui s'occupait des malades et des corps des défunts et qui a subi de graves persécutions, et celle des tisserands flamands sont particulièrement importantes.

Ce changement a eu des conséquences évidentes sur la production artistique, qui est ainsi devenue à la fois une manière de compenser ce qui n'était pas aimé dans la réalité, en récupérant les valeurs du passé, et une manière de représenter la nature en tant que telle, dans toutes ses manifestations. C'est ainsi qu'apparaissent les premières représentations sanglantes, macabres et généralement très fortes, dans le but d'évacuer les peurs face à la mort et à la souffrance.

On retrouve également de nombreux thèmes communs dans toutes les manifestations de cette nouvelle période. Il y a en effet un amour du luxe, tant au niveau des objets précieux que de l'élégance réalisée dans les œuvres d'art : l'or ou d'autres matériaux précieux ont été largement utilisés. La figure féminine est exaltée et les personnages sacrés sont également utilisés de manière profane, par exemple en représentant les saints comme des nobles richement vêtus ou comme des membres ordinaires du peuple.

Quoi qu'il en soit, le plus petit dénominateur commun reste un réalisme qui accorde une grande attention aux détails : chaque objet doit être représenté le plus fidèlement possible, à tel point que certaines œuvres d'art ressemblent même à de véritables catalogues. Il suffit de penser, par exemple, à la "Vision de saint Eustache" de Pisanello, dans laquelle un grand nombre d'espèces animales sont juxtaposées les unes aux autres, presque comme pour les représenter toutes. D'autre part, ce réalisme s'accompagne d'une tendance à exagérer les expressions, au point de les rendre presque grotesques ou brutales. Il y a également une idéalisation constante, surtout lorsque des personnages imposants sont représentés, qui résument ainsi les caractéristiques classiques, sans avoir leurs propres caractéristiques. Le fait que des tendances aussi différentes puissent coexister en toute sécurité est un signe clair de la confusion et de la fragmentation de l'époque.

En termes de style, cependant, les éléments représentés dans l'œuvre d'art ont été placés d'une manière extrêmement inhabituelle. On a presque l'impression que chaque figure a été simplement placée sur la toile à un endroit aléatoire, sans tenir compte de la vraisemblance ou de la correspondance avec la réalité physique de cette représentation. Au contraire, l'élément qui reste toujours central est la ligne, qui peut être douce ou anguleuse, mais qui est toujours soulignée par des couleurs intenses qui en soulignent l'importance.

Sans doute ces représentations répondent-elles aussi au contexte culturel de l'époque, et notamment aux enseignements de saint Thomas d'Aquin, qui prônait l'importance d'une expérience directe de la nature comme moyen de connaître Dieu et les hommes. Seuls les sens peuvent être un véritable moyen de connaissance intellectuelle. De ce principe découlent donc les principes de l'esthétique gothique tardive, qui voit la juxtaposition et la coexistence de la variété des choses et l'unité qui les relie. Ainsi, la nature est définitivement redécouverte dans un but purement spirituel.

Sur le plan architectural, les bâtiments changent aussi considérablement. La nef devient beaucoup plus haute que les bas-côtés, de sorte que la lumière qui pénètre par les vitraux se concentre principalement dans la partie la plus haute de la cathédrale. En outre, la subdivision de l'espace intérieur a changé, la nef étant de plus en plus orientée par rapport à l'axe central. Ces deux éléments ont permis de donner une impression d'espace beaucoup plus éthérée et donc spirituelle.

Vers le 15e siècle, l'impulsion de construire d'immenses cathédrales semble s'estomper, et les églises sont plutôt construites pour les paroisses urbaines plus riches, mais aussi pour les ordres mendiants plus périphériques. La centralité de la cathédrale est alors remplacée par des abbayes.

Le modèle architectural change à nouveau et l'on commence à construire ce que l'on appelle des "églises-halles", dont les nefs latérales ont la même hauteur que les nefs centrales, ce qui crée un intérieur particulièrement homogène. La nef ne présente plus non plus une axialité aussi prononcée. En bref, le nouveau modèle architectural renvoie à une vision beaucoup plus terrestre et mondaine de la religiosité.

Cette nouvelle vision prend des formes différentes selon l'état de référence. Il est certain que les innovations sont beaucoup plus importantes en Allemagne, en Angleterre et en Bohème (mais pas seulement dans ces pays). L'Espagne, en revanche, est à la traîne, continuant tout au long des XVe et XVIe siècles à construire de grandes cathédrales qui rappellent les cathédrales gothiques des siècles précédents.

À la même époque, la décoration des églises change également. L'Europe centrale et l'Angleterre commencent à utiliser les voûtes et les nervures comme de véritables motifs ornementaux, au point d'obtenir dans certains cas des effets d'une complication et d'une abstraction extraordinaires. En effet, selon la nation de référence, de nombreuses variétés d'architecture gothique ont vu le jour.

Mais la variante la plus importante reste certainement la variante française. C'est en effet dans ce pays que le gothique est né, et c'est dans ce pays qu'il a évolué de la manière la plus intéressante et la plus originale. Et après tout, l'architecture et l'art gothiques dans toute l'Europe peuvent être considérés comme une extension de tout ce qui est né en France.

CHAPITRE 5

L'art de l'Allemagne et de l'Europe du Nord

Avant d'arriver à la conclusion de notre voyage dans l'histoire de l'art du Moyen Âge, à savoir la Renaissance, il convient de s'arrêter un instant pour un bref excursus sur un courant littéraire moins connu mais néanmoins précieux en Europe : celui de l'Allemagne et de l'Europe du Nord. Nous avons parlé de "courant" au singulier, mais il serait plus correct de l'exprimer au pluriel, puisqu'il s'agit d'une série de manifestations artistiques provenant de plusieurs populations différentes.

Bien entendu, dans le court espace offert par ce volume, il est impossible de traiter en détail chacun de ces courants. Nous nous concentrerons donc sur trois des plus intéressants et fascinants : l'art barbare, l'art insulaire et l'art ottonien.

L'art barbare

Habituellement, le terme "art barbare" fait référence à l'ensemble des techniques artistiques qui ont fleuri pendant la période des invasions barbares dans la zone géographique qui s'étend du Danube à la péninsule ibérique, de l'Afrique du Nord à la Scandinavie et au Royaume-Uni d'aujourd'hui. Il s'agit donc d'une période allant de l'Antiquité tardive au haut Moyen Âge (c'est-à-dire la période comprise entre le 5e et le 9e siècle).

L'origine de ce courant artistique est en fait assez complexe. Il semblerait qu'il soit issu des traditions des nomades qui se sont déplacés de l'Asie vers l'Europe du Nord, comme le montrent certaines découvertes archéologiques en Russie, en Sibérie et dans les régions avoisinantes. S'agissant donc d'un objet qui devait être transporté facilement, il n'est pas étonnant que la technique par excellence de l'art barbare soit précisément l'ornementation de l'objet.

D'autres techniques, comme l'architecture, la sculpture et la peinture, étaient plus difficiles à adapter à un mode de vie nomade. Par conséquent, les preuves dont nous disposons à cet égard ne dépendent pas tant des barbares eux-mêmes que des compétences et de la culture des peuples qu'ils ont subjugués au cours de leurs invasions.

Il faut cependant préciser que cette population n'a jamais développé sa propre architecture, et encore moins sa propre forme de sculpture. En effet, en ce qui concerne les bâtiments, il s'agissait principalement de constructions en bois qui avaient peu de chance de survivre dans le temps. Seuls des poèmes célébrant les richesses des territoires scandinaves ou germaniques en témoignent dans la littérature. La sculpture, quant à elle, n'est répandue qu'en Scandinavie et ne concerne que les stèles funéraires. Ces objets cérémoniels étaient sculptés dans la pierre et représentaient généralement des épisodes caractéristiques des sagas nordiques traditionnelles, des bateaux en bois typiques ou des bandes décoratives.

Bien qu'il ne s'agisse pas d'un courant ayant produit des œuvres véritablement révolutionnaires, l'importance de l'art barbare sur les différentes manifestations artistiques des siècles suivants est surprenante et indéniable. C'est notamment le cas de la décoration stylisée à base d'éléments naturels, devenant souvent un élément géométrique pur, qui était généralement appliquée aux sculptures, aux armes et aux mosaïques, mais surtout à la joaillerie.

De plus, des traces évidentes subsistent dans l'utilisation des objets funéraires. Les peuples germaniques attachaient une importance particulière à l'habillement, ce qui s'est avéré une chance, car des exemples de leur art nous sont parvenus sous la forme de boucles et d'ornements qui ont été enterrés avec leurs propriétaires. Nous savons donc que, dans la plupart des cas, il s'agissait de formes de décoration extrêmement abstraites, totalement différentes de celles déjà présentes dans la région.

Orfèvrerie barbare

C'est surtout dans la technique de l'orfèvrerie que l'art barbare a atteint sa plus haute manifestation, et c'est à cette catégorie qu'appartiennent la plupart des témoignages qui nous sont parvenus aujourd'hui. En particulier, l'essentiel de la production concerne des objets tels que les boucles, les hanches, les diadèmes et les fibules (les épingles qui servaient à fixer les vêtements sur les épaules et à la taille).

Il existe deux styles de décoration différents.

Le premier style est appelé "polychrome" et provient directement de la population hun. En réalité, nous disposons également de preuves provenant des populations précédemment installées sur la mer Noire. La caractéristique fondamentale de ce travail est l'utilisation d'un certain nombre de pierres polies, souvent rouges, qui sont serties dans l'or. Il s'agit parfois de pierres uniques, mais plus souvent d'ensembles serrés qui couvrent une grande partie de la surface de l'objet, laissant peu d'espace à l'or.

Cette technique a atteint son apogée vers le milieu du Ve siècle et s'est répandue simultanément dans différentes parties de l'Europe, également et surtout grâce aux invasions des Goths. Il a ensuite survécu pendant longtemps, jusqu'au VIIe siècle, puisqu'il a également été utilisé par les Francs et les Lombards. En effet, au cours des Ve et VIe siècles, les Lombards sont arrivés en Autriche et en Hongrie et ont continué à étendre leurs possessions jusqu'en Italie, apportant avec eux leurs coutumes et leurs traditions (contrairement aux Goths qui ont plutôt absorbé celles des populations conquises).

Le deuxième style décoratif utilisé est cependant celui de l'animalité. Cette technique différente provient également du bassin de la mer du Nord et passe par la Scandinavie avant d'arriver dans toute l'Europe. Dans ce cas, les objets les plus fréquemment décorés sont des boucles et diverses garnitures, qui présentent plusieurs similitudes avec des productions similaires réalisées dans certaines provinces romaines, comme en Brittanie ou en Pannonie[28].

Il s'agit de décorations dans lesquelles des représentations géométriques couvrent toute la surface. L'effet final peut essentiellement se traduire par deux subdivisions. Le style animaliste I se caractérise par des éléments placés de manière décousue et généralement assez asymétrique, et ne semble pas suivre un modèle défini. Il y a des éléments zoomorphes très simples, qui sont néanmoins clairement reconnaissables. Plus rarement, il y a aussi des éléments humains. Le style animaliste II, en revanche, s'est développé plus tard et comprend de nombreuses influences de l'art byzantin. Le dessin est plus régulier, les éléments

---

[28] La Pannonie était la région située entre le Danube et la Save, et comprenait essentiellement la partie occidentale de la Hongrie actuelle, la partie la plus orientale de l'Autriche jusqu'à Vienne, la partie septentrionale de la Croatie et une partie de la Slovénie.

zoomorphes sont beaucoup plus stylisés et, dans certains cas, sont même absorbés dans des motifs de rubans plus abstraits.

Il existe en effet de nombreux exemples d'orfèvrerie barbare à travers l'Europe.

Art insulaire

Le terme d'art insulaire fait généralement référence à l'art du haut Moyen Âge qui s'est développé dans les îles britanniques au cours de la période correspondante, c'est-à-dire entre 600 et 900 environ. En effet, durant cette période historique, la Grande-Bretagne et l'Irlande présentent des caractéristiques très différentes du reste de l'Europe, notamment en ce qui concerne l'art barbare.

En effet, en Grande-Bretagne, l'art barbare a fini par s'éteindre pour évoluer vers les courants qui se sont répandus dans le reste de l'Europe, tandis qu'en Irlande, il s'est maintenu jusqu'au XIIIe siècle, c'est-à-dire jusqu'à l'arrivée de l'art roman, importé dans l'île à la suite de la conquête normande en 1066. L'art insulaire sans influence n'a donc occupé qu'une très courte période et s'est concentré exclusivement en Irlande, en Écosse et en Northumbrie (le royaume anglo-saxon qui occupe actuellement les régions du nord de l'Angleterre et du sud-est de l'Écosse). Cependant, son influence a également atteint le sud de l'Angleterre et le Pays de Galles, et a même influencé certaines parties de l'Europe continentale par le biais des missions des moines irlandais.

Pour bien comprendre le développement de l'art insulaire, il convient de rappeler brièvement la situation politique des îles britanniques à cette époque. L'Écosse et l'Irlande comptaient un grand nombre de petits royaumes indépendants. En Angleterre, en revanche, les royaumes étaient plus importants. Il va sans dire que la société qui s'est formée dans ces lieux n'était pas du tout intéressée par la construction de formes architecturales monumentales. En revanche, des objets ont commencé à apparaître, précieux tant par le matériau qui les composait que par les décorations qui leur étaient appliquées. Ils étaient très demandés par les notables locaux, qui avaient constamment besoin de souligner leur prestige et leur pouvoir et de maintenir ainsi le contrôle d'une région.

Malheureusement, ces objets étaient probablement fabriqués avec des matériaux périssables, car aucun n'a survécu. Cependant, nous pouvons établir leurs caractéristiques de base à partir de divers témoignages.

Toutefois, si l'on considère l'art insulaire en tant que tel, ce qui ressort le plus, c'est qu'il s'agit, une fois de plus, d'un mélange de différents genres et de différentes traditions. D'une part, il y avait toutes les coutumes des peuples qui habitaient déjà depuis longtemps les îles britanniques et qui avaient fait du travail des métaux leur point fort. D'autre part, la christianisation de ces régions avait inévitablement apporté avec elle le style artistique en vogue dans le reste du continent européen.

C'est précisément à ce mélange que l'on doit, par exemple, l'application d'un style décoratif très particulier aux manuscrits, objet par excellence devenu populaire à une époque où la liturgie le réclamait à cor et à cri. Ainsi, une grande partie de la production artistique de cette période concerne les manuscrits enluminés, à tel point que les éléments décoratifs développés par l'art insulaire se manifesteront également dans les manuscrits romans et gothiques.

Tout aussi importants sont les travaux de métallurgie et d'orfèvrerie qui étaient destinés exclusivement aux classes dirigeantes et devaient donc symboliser leur richesse et leur pouvoir. Les surfaces sont donc richement décorées et précieuses.

Manuscrits insulaires

Les manuscrits étaient si importants pour l'art insulaire qu'ils ont mérité la création d'un style propre, principalement caractérisé par l'utilisation de décorations abstraites de nature linéaire, avec des motifs décoratifs entrelacés et géométriques qui embellissent les textes. Les couleurs sont vives et juxtaposées par contraste pour créer un jeu qui émerveille le lecteur.

Ces décors enluminés pouvaient avoir quatre fonctions principales. Elles ont d'abord servi à créer des cadres décoratifs pour les tables canoniques, mais ont également joué le même rôle pour les portraits des évangélistes. Certaines pages des manuscrits étaient alors entièrement recouvertes de ces décorations, avec une grande croix au centre : ce type de représentation était appelé "décoration de tapis" et était souvent placé avant l'incipit de chacun des quatre évangiles.

Le plus ancien manuscrit enluminé qui nous soit parvenu est probablement le Cathach of Saint Columba, datant du VIIe siècle. Il s'agit d'un psautier[29] mutilé, dont la décoration se résume aux lettres initiales qui sont décorées au début de chaque psaume. L'œuvre présente déjà de nombreux éléments qui deviendront caractéristiques de tous les manuscrits ultérieurs, comme la manière dont la décoration d'une lettre influence les suivantes, ou le fait que les éléments décoratifs sont mélangés sans logique apparente. Les lignes se referment en spirales très caractéristiques et l'encre noire et orange est utilisée pour créer un décor en pointillés. En résumé, nous retrouvons une grande partie des caractéristiques de base du style insulaire.

---

[29] Le Psautier est un volume qui rassemble les 150 psaumes de l'Église selon un rythme hebdomadaire ou mensuel.

En ce qui concerne les évangiles, le volume le plus ancien est l'évangéliaire de Durrow, qui date d'environ 650-690. Six pages décorées de tapis, quelques pages enluminées et quatre pages avec de grandes initiales décorées sont parvenues jusqu'à nous. Il est certainement intéressant de noter que chaque page de ce manuscrit utilise un ensemble de motifs décoratifs significativement différents et quelque peu uniques : des motifs entrelacés avec de nombreux éléments zoomorphes de la tradition germanique alternent avec des spirales de la tradition celtique et quelques figures hautement stylisées. Il est également curieux de constater que seules quatre couleurs sont utilisées, et qu'elles sont particulièrement discordantes : le noir, le rouge, le vert et le jaune.

D'autres évangéliaires plus ou moins contemporains sont encore plus élaborés et complexes, avec des décorations qui peuvent même occuper deux pages côte à côte et de véritables portraits des évangélistes qui ressemblent à des portraits, mais sans aucune profondeur.

Enfin, un élément qui sépare totalement les miniatures insulaires de celles de l'Europe continentale est le fait qu'ici, on produit même des "évangiles de poche", qui sont moins décorés et de plus petite taille, mais qui restent de petits bijoux, bien représentatifs de la technique par excellence de l'art insulaire.

L'art insulaire du métal et de la pierre

Outre les manuscrits richement décorés, l'art insulaire se consacre également au travail du métal et de la pierre pour créer des œuvres vraiment intéressantes.

En ce qui concerne les métaux, la plupart des objets trouvés révèlent qu'ils ont été soit cachés, soit soudainement abandonnés, et pour ceux-ci, dans de nombreux cas, nous ne pouvons trouver que des fragments. Les seules exceptions sont certains objets appartenant à des églises, tels que des reliquaires et des coffrets pour les livres saints.

Une autre exception utile est constituée par tous les bijoux utilisés comme ornements personnels masculins qui ont été enterrés avec leurs propriétaires. Les vases de table ou d'autel faisaient également partie de cette catégorie. Les plus beaux et les plus précieux proviennent certainement d'Irlande, mais certains ont également été trouvés dans l'est de l'Angleterre, notamment dans des nécropoles anglo-saxonnes, en particulier de nombreuses fibules aujourd'hui exposées dans les musées britanniques. Ces artefacts nous montrent que chaque objet avait sa propre histoire et ses propres caractéristiques, tant au niveau des détails décoratifs que des techniques de fabrication, qui sont toujours restées de la plus haute qualité.

En ce qui concerne le mobilier liturgique (et donc les objets qui l'accompagnaient), il n'en reste que quelques fragments, probablement parce que la plupart d'entre eux étaient en bois. En revanche, il reste de nombreux évangéliaires enluminés, car ils avaient des couvertures métalliques.

Outre le travail du métal, l'art insulaire s'intéressait également au travail de la pierre, notamment pour construire les grandes croix celtiques qui font aujourd'hui partie de l'imaginaire commun. Il s'agit de grandes croix (pouvant atteindre 3 mètres de haut) dont la surface est recouverte de motifs géométriques décoratifs et qui sont généralement érigées à côté d'une église ou d'un monastère. Leur principale fonction était probablement de signaler les arrêts lors des processions religieuses (bien que plusieurs spécialistes ne soient pas d'accord sur cette interprétation) et ils ont commencé à être de plus en plus présents, en particulier en Irlande, à partir du VIIe siècle.

À partir du IXe siècle, ces sculptures ont également commencé à présenter une décoration beaucoup plus élaborée. Souvent, sur le côté orienté vers l'est, on trouve des scènes inspirées de l'Ancien Testament, tandis que sur le côté orienté vers l'ouest, l'espace est occupé par des épisodes du Nouveau Testament. Au centre, bien sûr, se trouvait la scène de la crucifixion, point culminant du récit chrétien. Au fil du temps, le nombre de personnages représentés sur la surface des croix a diminué, mais leur taille a augmenté.

L'utilisation des croix celtiques ne s'est pas limitée à l'Irlande. Elles se sont rapidement répandues en Grande-Bretagne et notamment en Northumbrie, avec des caractéristiques légèrement différentes. En effet, les croix anglo-saxonnes sont généralement plus petites et beaucoup plus étroites, ne laissant place qu'aux décorations géométriques les plus simples. Les sources littéraires nous apprennent que ces croix devaient être disséminées dans toute l'île, ainsi que quelques dalles de pierre décorées qui devaient servir à indiquer les lieux de sépulture, comme des sortes de pierres tombales ante litteram.

Un cas légèrement différent est celui de l'Écosse, où le peuple picte a construit au cours des 6e et 7e siècles de nombreuses dalles de pierre décorées, très semblables à celles du style insulaire, mais nettement moins influencées par l'art classique. Ces dalles dérivent directement de la tradition païenne locale, qui érigeait des stèles monumentales en pierre avec des figures sculptées en surface.

L'art ottonien

Enfin, le dernier courant artistique dont nous voulons parler pour cette période est celui de l'art ottonien. Ce terme désigne l'ensemble de la production artistique en Europe occidentale pendant la période de la dynastie ottonienne, c'est-à-dire de 887 (date de la déposition de Charles le Grand) à l'an 1000. La dynastie ottonienne est la lignée d'empereurs du Saint Empire romain germanique qui a régné sans interruption de 962 à 1024 et qui porte le nom de son géniteur Otto Ier.

Nous comprenons bien que pour comprendre véritablement ce courant, il est donc essentiel d'essayer de délimiter un contexte historique dans lequel on puisse se mouvoir. Durant cette période, l'empire entre en crise à cause des invasions barbares, à la fois des Normands et des Danois, mais aussi des Hongrois et des Sarrasins. À ces attaques extérieures s'ajoutent des luttes internes au sein des classes dirigeantes : l'empire finit par se diviser, donnant naissance à une série de petits pouvoirs locaux, une situation qui conduira plus tard au féodalisme et à une réorganisation totale du territoire. C'est à ce moment historique, en substance, que se joue le destin politique et européen de l'Europe.

Cette dégénérescence rapide s'était produite, à un degré plus ou moins grand, dans toute l'Europe, et pourtant elle semblait s'être interrompue en Allemagne avec la prise de pouvoir d'Henri Ier, descendant de la dynastie ottonienne. Il réussit à arrêter une incursion hongroise, gagnant ainsi le respect du peuple et conservant le pouvoir. Cette lignée sera maintenue par son fils Otton Ier, qui vaincra finalement les Hongrois et sera couronné à Rome en 962.

À partir de ce moment, une période de grand contrôle de la part de l'empereur s'ouvre. La théorie de la sacralité du souverain, utilisée par Charlemagne, est réactivée et même renforcée grâce à l'influence de l'idéologie byzantine qui commence également à arriver dans l'espace germanique à cette époque : en ce sens, le mariage politique d'Otton II avec la nièce de l'empereur byzantin a certainement joué un rôle fondamental. C'est précisément pour cette raison que les objets traditionnels du pouvoir du souverain, tels que le sceptre, la couronne ou les manteaux, ainsi que le mobilier du palais royal, sont particulièrement importants d'un point de vue artistique. Ils commencent même à avoir une fonction sacrée : il suffit de penser à la couronne du Saint Empire romain germanique, faite d'or et recouverte de pierres précieuses et d'émaux.

Bien sûr, comme l'histoire nous l'apprend, cette renaissance de l'empire fut de courte durée. Cependant, le Saint Empire romain germanique a été une période fondamentale de l'histoire européenne, tant sur le plan politique que sur le plan de l'influence culturelle qu'il a exercée sur les époques suivantes.

Architecture ottonienne

Pendant la période ottonienne, l'architecture a certainement joué un rôle central d'un point de vue artistique. Les Ottoniens ont en effet tenté par tous les moyens de reconstruire le grand empire carolingien, qui avait été un important bâtisseur d'édifices ecclésiastiques (abbayes et cathédrales). C'est pourquoi ce type de construction est également repris dans cette période historique, en retraçant même ses caractéristiques fondamentales. Il s'agit donc de bâtiments de grande taille, avec un corps occidental totalement opposé au chœur, qui était réservé à l'empereur. À ces éléments s'ajoutent quelques innovations typiques de l'époque, comme l'alternance de piliers et de colonnes et les murs massifs soutenant les grands arcs de la nef. Ce sont donc les chapiteaux qui montrent toute l'inventivité de ces artistes, qui combinent les feuilles du style corinthien avec des têtes humaines rappelant la tradition romane, ainsi que, bien sûr, les motifs typiquement carolingiens.

Il en résulta un édifice majestueux et de grande valeur, qui avait le pouvoir d'étonner les fidèles par sa grandeur. D'autre part, ce sont précisément les ecclésiastiques de haut rang qui collaborent étroitement avec l'empereur, et il est donc tout à fait logique d'essayer de les récompenser en leur offrant des œuvres à la hauteur de leurs exigences.

Ces œuvres monumentales se sont surtout répandues dans l'espace germanique, où l'on en trouve encore aujourd'hui d'importants témoignages. Il faut cependant préciser qu'une grande partie des bâtiments construits à cette époque ont été largement remaniés au cours des siècles suivants, à la fois parce que les guerres incessantes n'ont fait que créer des dégâts et des dévastations et parce que le goût a changé d'une époque à l'autre (et l'on ne prêtait pas encore l'attention que l'on porte aujourd'hui à la préservation de l'art de l'antiquité).

Peinture et miniature ottoniennes

Malheureusement, nous ne possédons pas suffisamment d'exemples de la production picturale ottonienne à ce jour. Cela est dû en grande partie au fait qu'il s'agissait presque exclusivement de fresques qui ont été perdues ou recouvertes avec le temps. Pour certaines d'entre elles, il subsiste heureusement des copies à l'aquarelle qui nous permettent de nous faire une idée de ce à quoi elles devaient ressembler à l'époque où elles ont été réalisées.

Cependant, l'église Saint-Georges d'Oberzell (sur l'île de Reichenau, dans le lac de Constance) abrite tout un cycle de fresques représentant des épisodes de la vie du Christ. Ces œuvres datent probablement de la fin du 10e siècle et nous donnent une idée assez réaliste de la manière dont ces scènes étaient représentées à l'époque ottonienne.

Le schéma de caractère ressemble largement à celui des traditions plus anciennes et est quelque peu similaire à celui utilisé à Ravenne, en particulier dans la façon dont il suit et utilise les caractéristiques architecturales pour mettre en valeur les scènes peintes. En effet, les saints sont placés à l'intérieur de clypées[30] entourés d'arcs, eux-mêmes recouverts d'une frise représentant une grecque polychrome : sans aucun doute, ces éléments rappellent la tradition classique de la Grèce antique.

Au-dessus de tout cela, des scènes représentant le Christ sont représentées dans des cadres rectangulaires, ce qui ramène la fresque à l'époque actuelle. Les épisodes sélectionnés pour être représentés sont généralement ceux qui contribuent le plus à la représentation d'un Christ puissant, royal et même héroïque, par exemple lorsqu'il accomplit les miracles les plus étonnants. Chaque épisode est également décrit dans la partie inférieure du cadre.

En ce qui concerne le style des représentations, il s'écarte quelque peu des exemples précédents. Les figures sont positionnées avec beaucoup de soin pour répondre aux éléments du mur, et les arrière-plans sont très soigneusement conçus et représentent également une architecture complexe. Cependant, l'étude savante de la perspective et des dimensions qui sera l'une des caractéristiques sous-jacentes des mouvements artistiques ultérieurs n'est pas encore présente, de sorte que ces éléments finissent par sembler vaguement incongrus.

Cependant, il est intéressant de noter que ce type de fresques trouvera une percée majeure dans la deuxième phase de l'Empire Ottonien. En effet, le mariage d'Otton II avec la princesse byzantine susmentionnée a marqué le début de la période dite de la "renaissance macédonienne", au cours de laquelle ces

---

[30] Le clypéus était un grand bouclier creux utilisé par les soldats de l'infanterie lourde dans la Grèce antique et, avant cela, par les guerriers de la civilisation nuragique, qui s'est développée en Sardaigne à l'âge du bronze. Cela signifie simplement que, dans la plupart des cas, les portraits étaient inscrits dans un espace rond.

représentations ont suivi les innovations apparues dans d'autres domaines artistiques (par exemple, la miniature). Au cours de la renaissance macédonienne (du IXe au XIe siècle), l'empire tout entier a bénéficié d'une grande innovation culturelle. Dans le domaine scientifique et littéraire, mais aussi dans le domaine figuratif, on a redécouvert les lignes directrices de la Grèce antique.

Et c'est précisément la miniature qui est une autre des techniques particulièrement développées à l'époque ottonienne, tout comme elle l'avait été sous le règne carolingien. Heureusement, un certain nombre de codex enluminés nous sont parvenus, dont les plus importants proviennent certainement de Reichenau, l'endroit même d'où proviennent les fresques dont nous avons parlé plus haut.

Et c'est précisément dans la miniature carolingienne que ces nouvelles œuvres puisent leur inspiration, surtout si l'on considère que c'est à cette époque que l'on a commencé à restaurer les codices les plus anciens, en choisissant toutefois d'y ajouter de nouvelles scènes plus conformes au contexte historique et culturel de l'époque. Dans certaines de ces miniatures, l'empereur Otto lui-même est même représenté, dans le but de souligner sa royauté. En effet, l'empereur est représenté dans un contexte architectural de fond qui rappelle le style de l'Antiquité, mais il est placé au centre, dans une position frontale particulièrement solennelle.

Cependant, contrairement à ce qui se passait plus ou moins au même moment dans l'empire byzantin, tous les personnages conservent ici leur réalisme et sont dépeints avec une physicalité tout à fait crédible. Même les couleurs (qui restent essentiellement des couleurs primaires) sont utilisées de manière beaucoup plus réaliste, de sorte qu'elles se fondent les unes dans les autres d'une manière agréable à l'œil. Au lieu de cela, les hautes lumières[31] sont largement utilisées pour créer le contraste entre les volumes qui serait normalement obtenu de cette manière.

Avec l'arrivée au pouvoir d'Otton III, l'art de la miniature connaît un nouveau développement. Bien que les œuvres reprennent le modèle des précédentes, l'architecture en arrière-plan est nettement plus stylisée et des motifs narratifs à lire en séquence font leur apparition. En outre, les artistes commencent à s'éloigner ouvertement des modèles typiques de la Grèce antique. C'est pourquoi on observe une certaine liberté dans le positionnement des figures et des personnages au premier plan, qui tendent à devenir beaucoup plus géométriques et stylisés que la plasticité utilisée dans les œuvres immédiatement précédentes. Elles restent cependant des œuvres qui se distinguent clairement de leurs homologues byzantines.

Orfèvrerie et sculpture ottoniennes

Nous en arrivons aux dernières techniques artistiques qui nous intéressent dans notre découverte de la période ottonienne. Tout comme pour les fresques et les miniatures, nous avons deux périodes distinctes pour la sculpture et l'orfèvrerie, qui suivent des tendances complètement opposées, bien que toujours basées sur la tradition carolingienne.

Le premier courant, appelé "courant courtois", est en tout point classique, avec toutes les caractéristiques de l'écrin. Nous avons ainsi une nette prédominance de la plasticité des corps, qui s'inscrivent généralement dans un contexte architectural avec des

---

[31] La technique de la lumière est une technique picturale qui consiste à éclaircir des zones par rapport à la couleur de base. C'est donc le procédé exactement inverse de l'ombrage.

arcs en plein cintre et des colonnes simples. D'une certaine manière, ce type de représentation rappelle non seulement les statues grecques inspirées de récits mythologiques, mais aussi et surtout l'importance qu'avaient les sarcophages à l'époque grecque, romaine et surtout paléo-chrétienne.

L'œuvre la plus représentative de cette période est sans aucun doute l'Antependium de Bâle (datant d'environ 1024 et aujourd'hui conservé au musée de Cluny à Paris), un devant d'autel[32] en bois recouvert d'or repoussé, de pierres et de perles. En surface, on peut voir cinq arcs soutenus par des colonnes, dans lesquels sont disposées une série de figures. Le personnage central le plus important est, bien entendu, le Christ Pantocrator, qui, comme nous l'avons mentionné précédemment, a toujours été le personnage central de la période. À ses pieds sont prosternés des rois, car même l'empereur devait s'incliner devant la puissance de Dieu. Dans les autres arcs, en revanche, on trouve les trois archanges et saint Benoît, également disposés selon les canons typiques de l'art classique et de celui qui s'est répandu plus ou moins simultanément à Byzance.

Et comme pour la peinture, le second courant est le courant "anti-classique", c'est-à-dire celui qui est le plus novateur et qui a donc le plus influencé les périodes ultérieures. Pour expliquer ce courant, le plus simple est de prendre un exemple, à savoir la couverture en ébène appelée "Incrédulité de saint Thomas", réalisée par le Maître d'Echternacht (du nom du monastère où fut enluminé le manuscrit sur lequel la couverture était appliquée) et datant probablement de la fin du Xe siècle.

---

[32] L'antependium est la décoration ou le panneau décoratif d'un autel destiné à le recouvrir. Il existe des antependiums dans presque tous les matériaux, du tissu au marbre en passant par l'argent.

Cette représentation diffère profondément de l'exemple que nous avons décrit précédemment. Tout d'abord, les personnages apparaissent écrasés dans l'espace et, bien que le relief soit très faible, cela n'affecte en rien la perception du volume, qui est tout à fait distincte. Au centre, nous avons toujours la figure du Christ élevé sur un piédestal, qui reste de toute façon un thème central, d'autant plus que la plupart de ces œuvres étaient consacrées à des thèmes sacrés.

Cependant, dans ce cas, même cet élément est légèrement différent : il lève en effet un bras pour montrer la blessure sur son côté. Et c'est précisément vers ce détail que semble se diriger saint Thomas, véritable personnage novateur de la représentation. En effet, le saint n'est pas représenté de manière traditionnelle, mais de dos et la tête renversée. Toute sa figure est tendue dans un moment d'effort extrême. En bref, ce type de représentation n'est pas du tout typique de la période historique ni du sujet traité.

Enfin, en ce qui concerne l'orfèvrerie, mais aussi la sculpture, il faut préciser que l'un des grands courants artistiques de la période est la sculpture en bronze. C'est précisément à cette technique que se réfèrent certaines des œuvres les plus intéressantes de l'art ottonien.

Les portes en bronze du mur de l'église Saint-Michel de Hildesheim, qui datent de 1015, en sont le témoignage par excellence, dont nous aimerions parler brièvement. Sur la surface métallique, on trouve la représentation en bas-relief de huit épisodes différents par porte, tirés de l'Ancien Testament : chacun d'entre eux est encadré par un cadre.

Dans les scènes représentées, on constate que les éléments architecturaux et paysagers sont en très faible relief, tandis que les figures humaines émergent de l'arrière-plan de manière prépondérante. Ce genre d'artifice était souvent utilisé pour ajouter une dimension dramatique à la scène jouée. Il s'agissait donc d'une œuvre de grande valeur, qui devait préparer le croyant à l'état d'esprit adéquat avant de le laisser entrer dans la maison de Dieu.

Un autre témoignage très intéressant de la sculpture en bronze est la colonne du Christ, une colonne spirale historiée qui a clairement pris exemple sur les colonnes romaines traditionnelles, telles que la colonne Trajane. Ici aussi, cependant, le modèle classique a été retravaillé sur la base de thèmes catholiques : ainsi, les scènes gravées sur la surface consistent en des épisodes de la vie du Christ, construits de manière à souligner la plasticité des figures. C'est précisément pour cette raison que cette œuvre réussit parfaitement à représenter non seulement une technique artistique très en vogue à l'époque et pour le courant artistique dont nous parlons, mais aussi le courant de pensée et de philosophie qui régissait la vie médiévale : une combinaison de tradition et d'innovation, de récit mythologique et de religion, d'éléments apparemment contrastés qui parviennent néanmoins à coexister parfaitement.

CHAPITRE 6

L'art de la Renaissance

Nous sommes enfin arrivés au terme de notre voyage artistique, qui nous a conduits de la naissance de l'art au sens le plus moderne du terme, c'est-à-dire de l'art paléochrétien, à ce qui devait être le dernier courant artistique du Moyen-Âge. En effet, c'est avec l'arrivée de la Renaissance que s'achève la période historique communément désignée par ce terme.

D'un point de vue artistique, l'art de la Renaissance remonte généralement aux premières décennies du XVe siècle, lorsque des caractéristiques artistiques inédites ont commencé à émerger à Florence. De là, ce courant s'est répandu dans le reste de l'Italie et, par la suite, dans toute l'Europe. Sa diffusion s'inscrit dans une très longue tradition, au point d'atteindre les premières décennies du XVIe siècle, période au cours de laquelle la Renaissance commence même à être définie comme "mature", précisément parce que les expériences de certains des artistes les plus importants de l'histoire commencent à devenir de plus en plus évidentes. Il s'agit bien sûr de Léonard de Vinci, de Michel-Ange Buonarroti et de Raphaël Sanzio.

Cependant, pour comprendre exactement pourquoi l'art de la Renaissance s'est développé précisément de cette manière et sous cette forme, il est nécessaire de prendre du recul et de comprendre, au moins dans les grandes lignes, le contexte historique de référence.

Le contexte historique

La Renaissance s'est développée entre la fin du Moyen Âge et le début de l'ère moderne (15e et 16e siècle). Nous nous trouvons à une époque caractérisée par de nombreux bouleversements de nature politique, économique et sociale, à l'instar de la fin du Moyen-Âge, dont les canons et les traditions de l'Antiquité se perdaient au profit de nouveaux paradigmes.

L'un des événements les plus importants dans la sphère politique, qui a entraîné un véritable changement par rapport à la période précédente, a certainement été la "question orientale". En effet, après la chute de Constantinople en 1453, l'Empire ottoman se développe de plus en plus et parvient à s'étendre jusqu'à la Hongrie et au territoire autrichien, menaçant l'indépendance de ce dernier d'une éventuelle invasion.

Mais sur l'autre front, la situation n'est pas meilleure non plus. La "question occidentale" concerne avant tout la naissance des États modernes (rappelons que c'est à cette époque que la France, l'Espagne et l'Angleterre sont devenues ce que l'on associe aujourd'hui à ce nom) mais aussi la transmission du Saint Empire romain germanique à Charles Quint. En effet, contrairement aux empires précédents, ce souverain a cherché à centraliser de plus en plus le pouvoir, à tel point qu'il a commencé à ressembler à de nombreuses institutions politiques plus modernes.

La situation italienne est donc au cœur de la compréhension de la Renaissance. En Italie, en effet, nous sommes confrontés à une série de seigneuries locales plus ou moins petites qui, précisément à cette époque, ont commencé à se développer au point de devenir de véritables États régionaux. Toutes ces petites puissances, comme on peut facilement l'imaginer, sont rapidement entrées en conflit les unes avec les autres, soit pour maintenir leur propre autonomie, soit pour compromettre celle de leurs voisins : et, de fait, il sera tout à fait impossible de créer une authentique unité nationale pendant de nombreux siècles encore.

Enfin, nous devons considérer un aspect central de ce siècle : nous sommes officiellement confrontés au moment historique peut-être le plus important de tous les temps, celui de la découverte du Nouveau Monde. Il est inévitable que cette découverte influence fondamentalement tout ce qui se passera par la suite. À partir de ce moment, en effet, commence l'ère des grandes explorations, qui rend le monde plus grand que jamais, élargissant les horizons à l'infini. Mais à l'inverse, cette expansion entraîne aussi la perte progressive de l'importance de la Méditerranée. L'espace européen doit alors se réorganiser et, au XVIIe siècle, une nouvelle structure politico-économique est créée, dont le centre est l'Europe du Nord-Ouest.

En résumé, ces nouvelles grandes découvertes géographiques, d'abord celle de l'Amérique, puis toutes les autres à venir, ouvraient en fait d'immenses portes aux nouveaux États-nations. Ceux-ci allaient tout d'abord pouvoir s'enrichir et s'étendre de plus en plus, jusqu'à créer à l'avenir de nouveaux empires à l'échelle du monde entier. En outre, de nouveaux horizons se dessinent également dans des domaines beaucoup plus spécifiques, en partie comme une conséquence directe et en partie comme un signe inévitable du changement d'époque que le monde est en train de vivre.

Ce vent de nouveauté avait donc réussi à atteindre la religion et la coutume, la société et la politique, la philosophie et l'art. Et, bien sûr, un secteur avant tout : l'économie. Désormais, le monde s'est ouvert à un marché international, créant tout un niveau de gains, de pertes et de revers de fortune potentiels qui préoccupent grandement la nouvelle classe qui a commencé à émerger au cours des siècles précédents : la bourgeoisie, qui se caractérise précisément par l'argent et non plus par le droit d'aînesse. C'est donc dans les rangs de cette classe sociale que les dirigeants choisiront leurs nouveaux collaborateurs, et ce sont eux qui décideront du sort du nouveau monde en train de se créer.

Le contexte culturel

Tout aussi important pour comprendre la Renaissance est le contexte culturel qui a été créé, que nous avons déjà abordé en partie précédemment.

À cette époque, Florence est au cœur de la révolution culturelle qui se produit en Italie, même si cela n'est pas évident au début. Toutes les œuvres de l'époque, tant artistiques que culturelles, suggèrent que le lien avec les origines romaines de la ville n'a jamais été aussi fort (pensons, par exemple, aux œuvres de Francesco Petrarca). En effet, les artistes ont repris de manière assez uniforme les canons traditionnels de l'époque classique, tant dans la Grèce que dans la Rome antiques.

Il s'agit donc d'une renaissance qui, toutefois, a beaucoup à voir avec ce qui existait déjà, ou plutôt avec ce qui avait précédé. En effet, ce qui caractérise le "nouveau" par rapport à l'"ancien", c'est précisément le fait qu'entre les deux, il y a eu ce que l'on appelle les "âges sombres", le Moyen-Âge. L'histoire récente a été perçue comme quelque chose de bas, de pauvre sur le plan artistique et culturel, et par conséquent, par contraste, le passé plus ancien a commencé à être perçu comme quelque chose de mythologique, mais aussi de récupérable et de répétable. C'est donc l'époque de la philologie, de l'étude du passé afin d'en tirer l'image la plus authentique possible pour servir d'exemple, sans imiter mais en créant toujours de nouvelles choses.

Cette idéologie de base s'applique à toutes les questions culturelles et sociales. La perception de l'homme et du monde qui l'entoure a changé de manière incontestable. Désormais, c'est l'homme qui s'autodétermine, qui cultive ses propres talents et surtout sa propre intelligence, non seulement pour survivre et lutter contre la malchance, mais aussi pour réécrire son propre destin et pouvoir ainsi dominer la nature en la modifiant. Le potentiel du genre humain est célébré et considéré comme l'élément qui donne sa dignité à l'individu, et pour la première fois cette dignité concerne non seulement l'esprit (le côté humain naturellement lié à Dieu) mais aussi et surtout le corps : ces deux éléments sont désormais réunis dans un unicum qui représente la personne en tant que telle.

D'autre part, ce modèle (bien qu'il ait eu de nombreux adeptes, particulièrement enthousiastes d'ailleurs) avait aussi ses inconvénients. La réussite ou l'échec d'un individu ne repose plus sur un Dieu charitable et rassurant qui aide les humbles et punit les méchants, comme c'était le cas au Moyen-Âge, mais uniquement sur la force de l'individu et sur sa capacité à lutter contre la mauvaise fortune.

Et les découvertes scientifiques n'ont certainement pas rétabli la confiance à cet égard. Le système ptolémaïque, qui voyait la terre au centre de l'univers et tous les autres corps célestes tournant autour de ce centre, avait été définitivement battu par le système héliocentrique de Nicolas Copernic : désormais, c'était le soleil qui était fixé au centre du système solaire, et tout l'univers tournait autour de lui, y compris la terre.

Cette substitution avait été lue par les savants dans une clé strictement symbolique : la certitude d'une réalité où l'homme était au centre du projet de Dieu avait désormais fait place à un mode dominé par l'incertitude de l'inconnu, dans un univers où l'homme ne jouait qu'un rôle marginal, à l'égal de toutes les autres créatures. La foi aveugle en la Providence ne pouvait plus exister : c'était désormais la chance qui régnait. La nouvelle responsabilité qui est apparue, celle de l'autodétermination, implique aussi le doute, la possibilité effrayante de l'erreur et de l'échec, et cette peur se manifeste chaque fois que le contexte politique, social ou économique en offre l'occasion.

Bien sûr, il serait faux et un peu absurde de dire que toute l'Europe a été dominée par ce sentiment commun : ces questions sont restées l'apanage des seules classes riches et intellectuelles, celles qui ont été éduquées pour devenir la nouvelle classe dirigeante. Pourtant, ces nouveaux idéaux sont au moins partagés par la majorité de la nouvelle bourgeoisie, qui a enfin pu accéder, grâce au pouvoir de l'argent, à une éducation de haut niveau. Ce qui a rendu ces idées particulièrement attrayantes pour cette classe, c'est avant tout le fait qu'elles se reflétaient effectivement dans leur vie quotidienne, qui était après tout basée sur le pragmatisme fondamental, l'individualisme et la compétitivité pour faire le plus de profit, la recherche de la légitimité des gains et la possibilité de construire la vie que l'on veut de ses propres mains, sans qu'elle soit descendue d'en haut par un être supérieur.

Les caractéristiques de l'art de la Renaissance

Les artistes s'inscrivent eux aussi parfaitement dans ces valeurs, même si leur vie est bien différente de celle des intellectuels et de la bourgeoisie. Dans le sillage de cette redécouverte de l'homme, grâce aussi aux collaborations et à une nouvelle vague de découvertes et d'avancées technologiques, ils ont réussi à créer un intérêt général qui a transcendé les classes sociales, principalement parce qu'ils sont restés certainement plus utilisables que la littérature, qui était encore en grande partie écrite entièrement en latin.

Ainsi, les cathédrales sont remplacées par des bâtiments profanes, tels que les palais des seigneuries, les guildes et les maisons des nouveaux riches, et les images sacrées sont remplacées par celles des familles les plus importantes de l'époque ou de la simple vie quotidienne. La tradition de représenter les figures clés de la mythologie païenne à travers une réinterprétation contemporaine reste constante. Cependant, si cette réinterprétation se faisait dans une tonalité religieuse, ce n'est plus le cas : la nouvelle vision du monde n'est plus théocentrique, comme au Moyen-Âge, mais anthropocentrique, et l'art en témoigne.

C'est ainsi qu'apparaissent des caractéristiques artistiques totalement nouvelles, qui se fondent certes sur l'étude antérieure de l'espace (par exemple chez Giotto), mais qui la portent à un niveau beaucoup plus élevé, avec une grande rigueur, aboutissant à des résultats véritablement révolutionnaires et jamais vus auparavant. Dans ce style, il y a certainement trois éléments essentiels.

Tout d'abord, il y a une attention profonde à l'espace qui conduit à la formulation de règles par rapport à la perspective linéaire centrée, afin d'organiser l'espace de manière unifiée. Ainsi, aux nouvelles découvertes de la géographie et de la science fait écho un nouveau regard sur l'homme en tant que tel, avec une étude approfondie de l'anatomie mais aussi des émotions humaines, qui sont représentées d'une manière tout à fait nouvelle et évocatrice. L'espace est fait pour ces deux éléments en éliminant complètement toute fioriture décorative, revenant ainsi à une essentialité de la représentation qui n'avait pas été vue depuis des siècles.

L'union de ces trois éléments, ainsi qu'une nouvelle façon de penser et de représenter le monde, est ce qui fait qu'une œuvre est pleinement de la Renaissance. Dans ce contexte, l'artiste a appris à décrypter l'espace humain et naturel, à en découvrir les lois et à en étudier la structure. C'est ainsi que le monde entier est pensé, comme une toile de fond des actions humaines et un instrument du culte de Dieu, certes, mais aussi de l'homme. Il en va de même pour les représentations sacrées, dans lesquelles le sentiment sous-jacent est exactement le même. Dans les nouvelles œuvres d'art, tous les éléments qui n'avaient pas eu de place jusqu'alors en trouvent une : les tâches quotidiennes, les arts libéraux, la saisonnalité de la nature. Tous ces thèmes, qui constituaient auparavant un simple cadre décoratif, sont représentés en tant que sujets principaux de l'art. L'objectif est bien sûr de démontrer la dignité du travail de l'homme qui, par son potentiel, crée le même ordre et la même beauté que ceux que l'on trouve dans la nature : et c'est précisément ce même ordre et cette même beauté que l'on trouve dans chaque œuvre d'art.

Et ce n'est pas la seule innovation prise en charge par l'art de la Renaissance. Au Moyen Âge, l'artiste devait se préoccuper exclusivement de la création de l'œuvre en tant que telle : le contenu, le thème et le sens de l'œuvre étaient des éléments qui lui étaient confiés par une autorité supérieure, qui pouvait être l'empereur ou le pape, mais qui disposait en tout état de cause d'un pouvoir de décision total. Avec la Renaissance, cependant, c'est l'artiste lui-même qui commence à choisir, à déterminer le sens et l'orientation idéologique et culturelle de son œuvre. D'autre part, la nouvelle culture humaniste avait précisément placé l'objectif de l'art au rang de valeur. Il était nécessaire de connaître la nature, c'est-à-dire le lieu dans lequel les êtres humains se déplaçaient et interagissaient, l'histoire, c'est-à-dire les actions humaines et leurs conséquences, et l'homme, en tant que véritable protagoniste et sujet principal. Tout cela est devenu possible grâce à l'art.

La perspective

Mais avant d'aborder plus en détail les différentes techniques artistiques utilisées à la Renaissance, il convient de s'attarder sur ce qui est probablement la caractéristique essentielle des œuvres de cette période historique, au point d'en devenir le symbole par excellence : la perspective.

La perspective, en termes très simples, est un système qui permet de représenter un espace tridimensionnel sur une surface. Elle permet également d'établir et de représenter la position réciproque des objets et des sujets contenus dans cet espace.

Ce système a été perfectionné par Filippo Brunelleschi au cours des premières années du siècle grâce à un modèle mathématique bien mesuré qui permettait de composer un espace selon la perspective linéaire centrée, en partant en fait des notions fournies par l'optique médiévale. L'aspect le plus intéressant de ce système est probablement le fait qu'il repose sur une interprétation entièrement nouvelle de l'espace, qui l'envisage comme infini, continu et préexistant par rapport aux sujets et aux objets qui doivent être représentés en son sein.

S'ensuivirent des expériences pratiques, que nous ne possédons plus aujourd'hui mais dont nous avons pu lire les descriptions grâce à l'historien de l'art Leon Battista Alberti. Le plus sensationnel pour la nouveauté de la représentation est certainement le "Baptistère de Florence", représenté comme s'il était vu depuis le portail central de la cathédrale Santa Maria del Fiore (qui avait également du papier d'argent sur le ciel pour refléter la lumière réelle présente pour l'observateur).

La véritable innovation résidait dans le fait que cette tablette peinte devait être regardée à travers un miroir en plaçant l'œil au-dessus d'un trou situé au dos de la tablette. Ce stratagème permettait de calculer les distances entre des bâtiments réels grâce à un système de proportions basé sur des triangles semblables. En résumé, et en simplifiant quelque peu, il s'agissait d'un système basé sur le fait que des lignes parallèles, vues d'un certain point de vue, semblent converger vers un point unique à l'horizon, appelé "point de fuite", de sorte qu'en fixant un point de vue et une distance, il était possible de déterminer comment redistribuer les dimensions des objets représentés.

Aussi complexe que ce système puisse paraître sur le papier, la facilité d'application a certainement été l'un des principaux points forts de cette méthode, qui a été rapidement acquise et appliquée par de nombreux artistes, mais pas tous de la même manière. En effet, il s'agit d'une manière de représenter la réalité qui convient particulièrement à la nouvelle mentalité de la Renaissance, car elle donne un ordre tout à fait rationnel à l'espace grâce à des critères entièrement établis par l'homme.

D'autre part, il faut toutefois préciser que ces règles étaient somme toute très subjectives, puisqu'elles laissaient à l'artiste le choix de la position du point de fuite, de la distance au spectateur et même de la hauteur de l'horizon. Elle finit donc par être une convention de représentation tellement répandue qu'elle est encore considérée aujourd'hui comme tout à fait normale et "juste". Même si les tentatives de la remettre en cause au cours du XXe siècle ont été couronnées de succès (prenez le cas du cubisme, par exemple), la perspective est en fait restée un élément artistique fondamental.

Nous pouvons maintenant passer à l'analyse des différentes techniques artistiques, en gardant toujours à l'esprit qu'une analyse précise de la Renaissance nécessiterait beaucoup plus d'espace que ces quelques pages. Nous nous contenterons donc d'un bref excursus nous permettant de situer le contexte de ce qui est certainement l'une des périodes historiques et artistiques les plus complexes de l'histoire de l'Europe.

Art figuratif de la Renaissance

En ce qui concerne les arts figuratifs, on peut dire que la Renaissance est née à Florence entre 1410 et 1420. Elle s'est ensuite étendue au cours des décennies suivantes au reste de l'Italie grâce au mouvement constant des artistes, qui se déplaçaient de cour en cour à la recherche constante de nouveaux mécènes.

L'un des aspects les plus fascinants de l'art figuratif a certainement été la transformation du concept lui-même, notamment grâce au "Traité de la peinture" de Leon Battista Alberti. En effet, dans cette œuvre, pour la première fois, le concept de beauté est directement lié à celui d'art en ce qui concerne l'harmonie. C'est donc l'harmonie qui est le pivot de ce nouvel art, à côté de la vraisemblance, bien sûr.

Ce concept est ensuite approfondi en associant deux autres valeurs fondamentales de l'art : celle du "concert des parties", selon laquelle toutes les parties sont proportionnellement liées les unes aux autres, et celle de la "symétrie", qui, selon Alberti, est la loi de la nature par excellence. L'art est donc ici conçu en étroite relation avec la musique, un lien que nous avions déjà évoqué à l'occasion de l'art gothique et qui revient ici avec encore plus de force.

Cela nous amène à la caractéristique fondamentale de l'art de cette période : la croyance que tout doit être basé sur des lois et des règles bien définies. L'art doit s'inscrire dans ces règles, fondées sur la perspective et la proportion, jusqu'à critiquer les œuvres de l'Antiquité tant aimées, jugées imparfaites parce qu'elles ne respectaient pas la perspective. L'art devient alors une véritable science, à respecter avec l'expertise normalement requise pour une chose aussi importante.

En ce sens, il faut dire que les arts figuratifs ont aussi conservé une valeur tout à fait pratique. Ils n'étaient en aucun cas des manifestations libres de l'imagination, ou du moins ils n'étaient pas que cela : ils étaient plutôt et avant tout des disciplines. C'est précisément à cette époque que le corps humain est utilisé comme modèle primitif pour la sculpture de toute œuvre d'art (y compris, de manière tout à fait inattendue, l'architecture), la représentation parfaite précédant le fait que chaque élément et chaque mesure doivent leur origine au corps et à ses membres. C'est précisément de cette réflexion, en revanche, que découle la tendance de la Renaissance à créer toutes ces constructions du corps et du visage humains qui constituent l'un des principaux thèmes de l'époque.

Outre cette centralité, d'autres caractéristiques apparaissent. En ce qui concerne la peinture, ce qui est particulièrement frappant dans l'art de la Renaissance, c'est l'utilisation qui est faite de la lumière et de la couleur.

En effet, dès le Moyen Âge, la luminosité était l'un des moyens les plus utilisés pour indiquer la position d'un corps ou d'une surface dans l'espace. Les peintres médiévaux utilisaient cependant tous la même stratégie : lorsqu'un objet était éloigné, ils le coloraient avec des tons plus foncés, et lorsqu'il était plus proche, avec des tons plus clairs. Au cours du XVe siècle, cependant, ils ont commencé à suivre le modèle proposé par les enlumineurs français et les moines flamands, qui consistait à inverser ce schéma. C'est alors qu'est apparue la "perspective aérienne"[33], Son principe est très simple : la couleur la plus profonde est éclaircie et rendue plus lumineuse.

---

[33] La perspective aérienne consiste à représenter l'objet en trois dimensions en créant une profondeur de champ illusoire basée sur la densité et la couleur de l'atmosphère interposée. Elle repose donc sur la découverte que l'air n'est pas un milieu entièrement transparent : plus la distance augmente, plus les contours de l'objet observé deviennent flous et ses couleurs moins nettes.

Ce type de transition n'était certainement pas acquis d'avance. En effet, il faut savoir que jusqu'au XVIe siècle, la couleur continuera toujours à jouer un rôle symbolique, lié à des traditions qui n'ont pas grand-chose à voir avec la technique picturale et beaucoup avec la profession d'une conviction religieuse particulière. Par exemple, le fait que les scènes religieuses soient très souvent réalisées en or, en rouge ou en bleu a une cause bien précise : des matériaux très coûteux ont dû être utilisés pour réaliser ces couleurs, et l'œuvre d'art est ainsi devenue une véritable offrande à la divinité.

L'évolution de l'utilisation de la couleur n'était donc pas acquise, même si, à partir du XVe siècle, les innovations dans ce domaine se multiplient : en particulier, entre 1440 et 1465, naît à Florence un courant appelé "pittura di luce" (peinture de lumière), qui vise précisément à construire le tableau sur la base de différentes valeurs de couleur. Leon Battista Alberti lui-même a développé une théorie selon laquelle un objet n'a pas de valeur intrinsèque, mais peut avoir des valeurs différentes en fonction de l'éclairage (une idée qui sera confirmée par des découvertes scientifiques plus modernes).

Il faudra cependant attendre la seconde moitié du XVe siècle pour voir apparaître l'effet ombré, par exemple dans les œuvres de Léonard de Vinci. Vers la fin du XVe siècle, cependant, la tendance à utiliser aveuglément des couleurs multicolores s'estompera enfin pour laisser place au clair-obscur.

Architecture de la Renaissance

L'architecture de la Renaissance est née (un peu comme la Renaissance elle-même) à Florence, dans un contexte qui était resté assez traditionnel jusqu'alors, c'est-à-dire pendant la période romane : il y avait en effet une référence constante à l'architecture classique, avec ses formes claires et irrégulières.

Comme pour l'architecture gothique, le tournant est marqué par un édifice en particulier, en l'occurrence la coupole de la cathédrale de Florence, que Filippo Brunelleschi a réalisée entre 1420 et 1436. Cette œuvre a été suivie de beaucoup d'autres, toutes florentines et toutes clairement Renaissance. Aujourd'hui encore, Brunelleschi reste l'un des architectes les plus importants de la Renaissance, à tel point qu'il a créé son propre style, caractérisé par des décorations en pierre grise[34] sur des installations construites en combinant les formes géométriques les plus simples. Son exemple sera repris par de nombreux architectes du siècle. Certains d'entre eux ont été fondamentaux pour l'époque, comme Leon Battista Alberti, dont la façade de l'église Santa Maria Novella, parmi toutes ses œuvres, mérite d'être rappelée.

L'apogée de la Renaissance s'inscrit toutefois dans une tradition essentiellement romaine, grâce à d'importants architectes tels que Bramante, à qui l'on doit le projet de reconstruction de la basilique Saint-Pierre au Vatican, Raphaël Sanzio, créateur de la Villa Madama, et Michelangelo Buonarroti, qui a créé la Piazza del Campidoglio. Ce ne sont là que quelques-unes des œuvres fondamentales réalisées à Rome pendant la Renaissance, mais ce ne sont pas les seules. Par la suite, ce courant s'est étendu au reste de l'Italie et, grâce aux travaux d'Andrea Palladio, au reste de l'Europe.

---

[34] La pierre grise est un type de grès gris qui a été largement utilisé dans l'architecture et la sculpture. Elle est devenue particulièrement typique de l'architecture de Florence, pour laquelle elle était principalement utilisée pour des éléments décoratifs.

Au-delà de cette évolution troublée, on peut toutefois trouver des caractéristiques communes à toutes les œuvres construites au cours de cette période historique. Un peu à l'instar de ce qui s'est passé pour les arts figuratifs, on assiste à une nette reprise des formes du passé (à tel point qu'elles remontent même aux œuvres de l'ère paléochrétienne). Cela signifie que l'utilisation des formes géométriques les plus simples (comme nous l'avons vu dans le cas de Brunelleschi), les plans centraux, la symétrie et la proportion harmonieuse des différentes parties de l'édifice sont privilégiés.

Parmi les bâtiments caractéristiques de la Renaissance figure le palais : l'essor de la bourgeoisie florentine en avait fait un élément indispensable du tissu urbain de la ville. Les palais des marchands, en particulier, avaient pour mission de combiner les nécessités de la vie quotidienne avec les valeurs esthétiques de l'antiquité. Ainsi, l'élément fondamental de ces bâtiments est devenu la cour centrale, qui reprend les modèles du passé tout en permettant une meilleure distribution des espaces intérieurs. De plus, ce choix a conduit à la création d'un rez-de-chaussée, dédié au commerce, et d'un étage principal, destiné à la vie privée.

Et si, en ville, les palais étaient la construction fondamentale, aucune famille fortunée ne pouvait se dispenser de posséder également une résidence de campagne, la villa. Des traités d'architecture entiers ont été écrits sur ce type particulier de bâtiment, qui s'inspirait de la célèbre villa classique de Pline le Jeune, depuis la disposition des pièces jusqu'au grand atrium central. Une fois de plus, l'objectif de ces constructions était de conserver les principes d'harmonie et de beauté des classiques, tout en essayant de créer des situations permettant le confort même dans un climat qui n'était pas forcément identique : par exemple, chaque villa disposait d'une zone d'été et d'une zone centrale parfaitement symétriques.

Mais au-delà des constructions individuelles, c'est l'urbanisme lui-même qui commence à jouer un rôle fondamental dans l'architecture, au point de prendre un caractère véritablement scientifique, en tentant d'allier les besoins de la population à l'esthétique, le symbolisme aux stratégies défensives. La ville était certainement un objet d'étude beaucoup plus complexe que le bâtiment individuel, et elle nécessitait donc des règles particulières : la solution trouvée consistait à réaliser une sorte de médiation entre la ville médiévale et la ville de la Renaissance, en intégrant de nouvelles idées dans des noyaux urbains déjà existants.

Il faut cependant rappeler que c'est à cette époque que l'idée utopique de la "ville idéale" a commencé à se répandre, avec tout ce qu'elle impliquait. Ainsi, de nombreuses villes radiocentriques ont été planifiées, avec des tracés réguliers, plus basés sur des besoins idéologiques que réalistes. Une fusion réussie de ces deux éléments ne se trouve peut-être qu'à Amsterdam, au début du XVIIe siècle, avec ses canaux polygonaux et ses maisons étroites en terrasses à l'intérieur d'une ville fortifiée.

CONCLUSION

Ainsi s'achève notre bref voyage dans ce qui fut certainement l'une des périodes les plus intéressantes de l'art méditerranéen : le Moyen Âge. Nous avons traversé les catacombes du IIe siècle, les grands empires du passé et rencontré les hommes qui ont fait la grandeur de l'Europe, qu'ils appartiennent au monde de la chrétienté ou à des traditions très différentes. Nous avons terminé notre voyage en Toscane en évoquant à peine la naissance de la Renaissance, l'une des périodes artistiques et culturelles les plus mouvementées de l'histoire.

Nous avons commencé ce volume en affirmant que depuis que l'homme existe, l'art existe aussi, et que cette forme de langage a accompagné l'homme depuis l'aube de la civilisation jusqu'à l'époque la plus contemporaine. Avec ce voyage dans la période historique qui a jeté les bases de tout ce qui a suivi et qui a changé le visage de l'art pour toujours, nous espérons l'avoir démontré, et aussi avoir montré comment l'art a toujours été capable d'accompagner l'humanité à travers tous les changements que l'histoire, par sa nature même, lui a fait subir.

Nous nous sommes arrêtés à la Renaissance, mais l'histoire de l'art a encore beaucoup à offrir : au XVIe siècle, certaines des pages les plus intéressantes, novatrices et révolutionnaires de cette merveilleuse forme d'expression étaient encore à venir. Et elles ne demandent qu'à être découvertes.

NOTE DE L'AUTEUR

Merci beaucoup d'avoir lu ce livre ! Comme vous l'avez peut-être deviné, à travers ce manuscrit et les autres de la série « Easy History », j'essaie de rendre des sujets normalement traités par des textes académiques longs et compliqués simples et accessibles à tous.

Mon objectif en tant qu'écrivain indépendant est de contribuer à la diffusion des faits historiques de la manière la plus neutre possible et d'une manière qui puisse réellement toucher tout le monde, afin de permettre aux lecteurs de se faire leur propre opinion sur ce qui s'est passé dans l'histoire et sur ce qui nous a été transmis par les mythes et les légendes.

Un type d'information indépendant, simple et neutre est, à mon avis, une arme très puissante contre l'ignorance et l'instrumentalisation que nous voyons aujourd'hui même dans les grands médias, et dans ce sens il n'y a pas de meilleure solution que de connaître le passé pour construire un meilleur avenir.

Pourquoi est-ce que je fais ça ? Par passion, ni plus ni moins. J'ai toujours été un lecteur presque obsédé par les livres d'histoire et de mythologie, et j'ai toujours été fasciné par la façon dont les événements survenus il y a des centaines ou des milliers d'années affectent encore la vie d'aujourd'hui.

Comme je suis un auteur totalement indépendant, qui effectue lui-même toutes les recherches, la rédaction et la publicité de ses livres, je vous demande une toute petite faveur :

Si vous avez aimé le lire, ou si vous l'avez simplement trouvé utile pour quelque raison que ce soit, je vous demande de laisser un avis ou une simple note sur Amazon.

Vous n'imaginez pas à quel point cela peut être utile pour moi et pour tous ceux qui, comme moi, font tout eux-mêmes !